LE LABYRINTHE DE L'AMOUR

S'Aimer, Aimer et se laisser Aimer,
Par Soi, par l'Autre,
Et par la Vie Elle-même...

© 2024 Micheline Minh Tâm PHAN
www.michelinephan.com
Conseiller publication : Gérald Vignaud
Couverture et maquette photos : Florence Renaud
Relecture et correction : Arlette Bellanger
Version espagnole : Miguel Jimenez
Conception audio livre : Laurent Roger
Couverture audio livre : Yasmine Lawani
Enregistrement audio livre : Micheline Minh-Tâm Phan
Design et photos : Micheline Minh-Tâm Phan
Book on Demand : Catherine Bolssens

« En application de l'art. L.137-2.-I. du code de la propriété intellectuelle, toute reproduction et/ou divulgation de parties de l'œuvre dépassant le volume prévu par la loi est expressément interdite ».

Tous droits réservés
ISBN : 978-2-3225-3684-9
Dépôt légal : octobre 2024

Édition : BoD · Books on Demand, 31 avenue Saint-Rémy, 57600 Forbach, bod@bod.fr
Impression : Libri Plureos GmbH, Friedensallee 273, 22763 Hamburg (Allemagne)

Micheline Minh-Tâm Phan

LE LABYRINTHE DE L'AMOUR

*S'Aimer, Aimer,
Se laisser Aimer par Soi, par l'Autre,
Et par la Vie Elle-même...*

Préface par Gérald Vignaud

J'ai eu le privilège de rencontrer Micheline il y a quelques années. Elle participait alors à un séminaire sur lequel j'intervenais. Il y a chez cette femme une énergie très saine et très puissante ; Micheline est un être d'Amour dont les seuls focus sont le don, la compassion et la guérison.

Lorsque Micheline m'a demandé de lui écrire la préface de son livre, ce fut pour moi un grand honneur. Non seulement Micheline comprend et ressent des choses que peu de personnes arrivent à percevoir, mais elle possède surtout une capacité unique à les partager.

"Labyrinthe de l'Amour" est un livre magnifique, un témoignage personnel et spirituel qui explore le chemin vers l'amour de soi, de l'autre et du Divin.

Je vous souhaite que ce livre ait le même impact sur vous qu'il en a eu sur moi.

Gérald Vignaud
Auteur, Coach et Conférencier

Dédicace

Je dédie ce livre :
Aux êtres qui portent une anxiété invisible aux yeux du monde,
Aux êtres qui cherchent leur place,
Aux êtres qui se sentent incompris au sein de leur famille,
Aux êtres qui vivent une culpabilité lancinante pour ce qu'ils ont fait ou pas fait, dit ou pas dit,
Aux êtres qui n'ont pas osé vivre et aimer ou se laisser aimer,
Aux êtres qui sont tentés de renoncer à l'amour,
Aux êtres qui ignorent leur beauté intérieure et se croient indignes ou même « laids »,
Aux êtres qui sous-estiment ou ne perçoivent pas les murmures de leur corps.

Merci d'avoir acheté ce livre. Vous m'aidez à contribuer avec mes droits d'auteur à l'ONG « *Compassion Project* », pour soutenir les adultes et enfants réfugiés tibétains en Inde en préservant la culture tibétaine.

Préambule

Comment est né ce livre et quel est son objectif ?
« Ce livre est venu au monde tout seul,
En 9 mois et 9 jours ! »

Ecrire un livre sur mon histoire intime et le publier était très loin de mes projets, encore moins de mes intentions.

Depuis ma jeunesse, j'aime lire et écrire. Un soir, une amie avec qui je partage certains de mes textes et poèmes sur l'amour, me propose de poster chaque jour sur Facebook et Instagram. Or, elle oublie que je ne suis pas « réseaux sociaux ».

Le lendemain matin, sans savoir pourquoi je me mets à réunir mes poèmes et à écrire. L'inspiration vient toute seule. Je me sens guidée et cela sera ainsi tout au long de ce livre.

De là, **des aides inattendues viennent pour que le livre arrive à terme et soit publié.** Tout particulièrement Arlette, Florence, Francis, Gérald, Laurent, Miguel, Yasmine.
« Je vous remercie au-delà de ce que mon cœur peut vous exprimer ».

Dès lors, j'imagine le publier en édition papier puis en livre électronique. Et pourquoi pas, en livre audio lu par moi-même pour des malvoyants ou ceux qui préfèrent écouter. Personnellement, j'écoute de temps en temps des livres audio et je trouve cela très pratique.

Gérald qui me suit de Nouvelle-Zélande me conseille l'autoédition avec BoD. Je m'inscris. Merci à l'équipe BoD et particulièrement Catherine.

Les droits d'auteur deviennent désormais concrets.

A quoi vais-je les utiliser ?

En première intention, c'était pour remercier certains de mes professeurs Dr Joe Dispenza, Jean Pelissier, Michel Destruel qui ont chacun une association humanitaire.

Un matin, je reçois à qui sont destinés mes droits d'auteur. **L'Association Healing Bouddha Compassion Project fondée par Phakyab Rinpoché.**

https://healingbuddhafrance.org/projet-compassion/

Phakyab Rinpoché a fondé « Compassion Project » en 2008, une ONG destinée à préserver la culture tibétaine et soutenir les réfugiés tibétains en Inde. Parmi ces projets, il y a la restauration de **l'école maternelle** de Shambotha, le **dispensaire du Monastère de Sera Mey** en Inde (accessible aux moines, aux réfugiés tibétains et aux familles indiennes), le soutien pour le **financement des études supérieures** pour les jeunes Tibétains, **l'aide aux séniors** démunis au Ladakh

C'est à cette fondation ONG que je souhaite dédier mes droits d'auteur et comme il est écrit :

« *Chaque goutte d'eau contribue à l'océan* ».

Sommaire

Préface par Gérald Vignaud 7

Dédicace 9

Préambule..11

Quelques suggestions pour votre lecture.....................15

Avant-propos 21

Chapitre 1 – Vivre le non-amour 27

Chapitre 2 - Réveil de conscience 49

Lettre à mon Corps 57

Lettre à mon Cœur 63

Lettre à mon Cerveau 67

Dialoguer avec son Corps… 70

Chapitre 3 – Frustration et Lâcher-prise 73

Lettre à Dieu 87

Chapitre 4 - Oser l'Inconnu 97

La Vie sait avant nous….................................105

Chapitre 5 - Réveil de turbulences 107

Chapitre 6 - Mon Chemin vers le Divin 119

Chapitre 7 - Reconnaître et Accepter le Divin..............123

Chapitre 8 – Comment décrire une Union sacrée ?.........131

Chapitre 9 – Compréhension 135

Chapitre 10 - La Vie continue son Chemin 139

La Vie sait et nous prépare son cadeau …........................... 140

Chaque Jour est Unique et non reproductible 145

Oser…Demander… 147

S'écrire une Lettre d'Amour pour une fois…...................... 148

Conclusion 151

Remerciements à mes Aides de Destinée............................ 155

Quelques auteurs parmi d'autres qui m'ont inspirée.............. 171

A propos de l'auteure 174

Tout est perfectible 176

Audio livre 177

Quelques suggestions pour votre lecture

Dans mon cheminement, je me suis rendu compte de l'importance du corps comme première étape pour conquérir l'amour de soi.

Ma pratique étant l'ostéopathie et les méridiens chinois, je vous propose, après certains chapitres, une pause de quelques minutes **d'une expérience-découverte de reconnexion à votre corps.**

Pour ces interludes de pause, je vous recommande de vous munir d'un masque de repos pour vos yeux. Un foulard peut aussi faire l'affaire, **le but étant de mettre vos yeux au repos et dans le noir. Fermer simplement les yeux ne suffit pas.**

Pendant la guidance, j'utilise le tutoiement. Avant chaque exercice, il est important d'énergiser ses mains en les frottant l'une contre l'autre alignées au niveau de votre cœur jusqu'à sentir de la chaleur ou des picotements, **signe que l'énergie arrive dans vos mains**. Vous pouvez aussi prévoir de boire chaud pour aider le corps à la détente.

Ces courts exercices d'automassage sont **uniquement destinés à mettre votre Corps/Cœur/Cerveau en lien.**

Si vous le souhaitez, avant votre lecture ou votre écoute, munissez-vous de quoi écrire. Lorsque des passages résonnent en vous, faites confiance à votre écriture inspirée de l'instant.

Je vous souhaite de bons moments avec vous-même.

Je vous remercie.

Micheline Minh-Tâm

www.michelinephan.com

Les etapes de mon Labyrinthe :
De la Conscience a la Reconciliation
avec le Soi Divin

L'Amour Divin qui circule librement
Se pose sur les êtres endormis,
Pour réveiller leurs Âmes.

De la Conscience du Corps Apprivoisé,
Du Corps au Cœur Réconcilié,
Du Cerveau Apaisé,
Emergera la Magie de la Fusion intime avec la Vie.

Invitation à la Reconnexion avec notre Soi Divin.

PARTIE UNE

El Jardín Botánico de Calda del Reis
Camino Portugues de Santiago de Compostela

« La Vérité est un pays sans Chemin ».
~Khrisnamurti~

Avant-propos

*Chaque jour sans joie, sans rire,
Sans amour pour soi ou pour le monde,
Est un jour de bonheur perdu.*

SE CONNAITRE : POUR NE PLUS SE BLESSER, SE JUGER
NI JUGER OU BLESSER L'AUTRE.

Ma gratitude va vers les milliers de personnes qui ont accompagné ma route, le temps d'une minute, d'une heure, d'un jour, d'un mois ou plus longtemps.

Toutes m'ont fait grandir et devenir qui je suis en cet instant. Je n'ai pas toujours mesuré leur impact sur ma vie. Je prends de plus en plus conscience de tout ce qu'elles m'ont apporté. **Elles ont été pour moi une aide de destinée.** J'espère être pour elles une aide de destinée et pouvoir enrichir leurs vies. Elles ont contribué à ce que j'ose me reconnaitre et devenir qui je veux être : une goutte d'eau dans l'océan de l'Univers, issue de la Source Divine.

Par ce livre témoignage intime de mon Labyrinthe de l'Amour, je souhaite partager mon cheminement du non-amour de soi à l'amour de soi et de l'autre jusqu'à ce sentiment de complétude et de gratitude infinie.

Notre Être intérieur issu de la Source est une partie intégrante du TOUT. Indifférencié, il est en même temps singulier comme une goutte de rosée, un flocon de neige, une vague sur la mer.

Avant de découvrir mon Labyrinthe de l'Amour, je me sentais souvent incomprise, injustement traitée et mal aimée.

Je n'évoquerai pas mon histoire de façon linéaire. Je préfère partager ma compréhension des passages de vie qui révèlent **l'être dans toutes ses dimensions**.

- Des **traversées très fortes** du non-amour de soi ou de l'autre.
- Des **étapes-clés** où je réalise combien la Vie sait avant nous.
- De **l'importance du corps**, pour nous guider vers une première étape de l'amour de soi.

Je découvre que **le corps sait avant notre mental**, avant notre conscient. **Que tout ce qui a été vécu sert un but bien plus grand que nous, et qui apparaît à un moment inattendu.** C'est ma révélation.

Jour après jour, j'apprivoise la rencontre avec mon âme. Je prends soin de vivre avec un cœur de plus en plus grand, de plus en plus ouvert. **Je découvre la générosité de la Vie.** Je me sens comme plongée dans une corne d'abondance d'amour, d'amitié, de partage, et de connexion humaine et divine.

Je veille à vivre l'amour, la gratitude et le service où que je sois, avec qui que je sois. Je veille à être joyeuse et reconnaissante pour tous les cadeaux reçus chaque jour sur mon chemin. **C'est un processus qui continue d'évoluer.**

Après la conclusion, si le cœur vous en dit, plutôt que des remerciements, je préfère vous emmener vivre mes anecdotes avec « mes aides de destinée » et **le souhait de vous partager leur mission de vie avec leur autorisation**.

Je vous remercie de m'offrir votre curiosité et votre confiance.

Micheline Minh-Tâm
Noël 2023

***Vivre*, c'est *Créer*,**
Créer pour transmuter la souffrance,
Créer du bonheur pour honorer la Vie.

La Meseta del Camino Francés de Santiago de Compostela

Avancer sur le Chemin, pas à pas
Dans l'exploration intérieure et extérieure.

*Priaranza del Bierzo del Camino Francès
del Camino de Compostela*

Chapitre 1 - Vivre le non-amour

Je m'appelle Micheline, Minh-Tâm, vietnamienne née à Hôtel Dieu Paris Notre-Dame. J'ai fêté mon anniversaire au printemps 2021 dans une bulle de silence total de trois jours, pour comprendre ma vie, mon passé, ma famille, faire le point et créer un avenir radieux.

J'ai vécu un parcours émotionnellement chaotique. Sur le plan physique et matériel, j'ai plutôt été surprotégée dans un cocon.

La première partie de ma vie commence avec des non-dits familiaux pour protéger la petite fille frêle que j'étais. A onze mois, je suis hospitalisée pour des crises convulsives et mise sous traitement de Gardénal que j'aurais dû suivre toute ma vie.

Ma mère ne pouvant pas s'occuper de moi, ma cousine-sœur, dès ses dix ans, me prend en charge à ma naissance. Elle tient à honorer sa promesse faite à ma mère décédée à mes quatorze ans, de m'éduquer socialement et spirituellement. Mon initiation ne fut pas facile tous les jours.

Je n'aurais pas acquis une certaine maturité, sans sa promesse tenue contre vents et marées. Je n'aurais pas connu l'amour sans être passée par la haine. Elle-même a eu une vie difficile et elle a été très courageuse.

Le « mutisme familial » qui a façonné ma recherche de vouloir comprendre l'humain et les relations a généré en moi un besoin de solitude et de lecture. Des mensonges ont modelé mes croyances et, par voie de conséquence, mes comportements.

La Vie aime que la vérité soit révélée.

Mon père sur les papiers officiels n'était pas mon père, mais mon oncle. Il n'était pas non plus le « mari » de ma mère, bien qu'il le soit légalement. Ce n'était que la façade d'un mariage arrangé. Je ne comprenais pas pourquoi celui que je croyais mon père dormait entre ma mère et ma tante. Ayant été élevée dans une famille française jusqu'à mes six ans, j'attribuais cela à la culture asiatique. Cependant, j'étais mal à l'aise à l'école. Je sentais que ma famille n'était pas normale.

Cacher la vérité aux enfants, en pensant les protéger, est source d'une construction de vie sur des sables mouvants aux repères erronés.

Adulte, ignorer qu'il existe au fond de nous **une zone d'ombre et une de lumière**, comme le jour et la nuit qui sont **indissociables**, nous empêche de nous accepter, de nous aimer, de vivre la joie, la paix, la sérénité et l'équilibre.

Je ne me connaissais pas. Je ne me comprenais pas. Je n'osais pas, et même, je refusais de ressentir les émotions de tristesse ou de colère. Elles ont maintenant le droit d'exister et je les accueille. La ruse de mon mental, qui adore justifier et avoir raison, trouvait toujours un coupable : moi-même ou un autre !

J'ai appris à accepter d'être triste ou plutôt à être traversée de tristesse ou de colère, sans me juger ni rendre quelqu'un responsable. Tout cela fait désormais partie de la météo émotionnelle de mon humanité.

Tristesse ou colère peuvent provenir d'un passé vécu et non compris, d'une sensibilité au vécu de l'entourage, à ce qui se passe dans le monde ou dans la Nature.

J'ai enfin appris à suivre mon émotion en veillant à ne blesser personne. Sur un plan purement physique, l'émotion dure quelques minutes si je ne m'y accroche pas et ne laisse pas mon mental l'entretenir.

Retraçant mon chemin parcouru, j'en déduis combien mes croyances et la méconnaissance de qui je suis m'ont créé de la souffrance et empêchée de véritablement aimer. Cependant, ce chemin me permet aujourd'hui de connaître la merveilleuse expérience de l'amour.

J'ai lutté pour devenir une meilleure personne. Je voulais me conformer aux critères des autres sur l'amour. Il fallait que je sois « normale » pour être acceptée et aimée.

Je vivais un paradoxe incompréhensible à l'époque, source de souffrances et de malentendus. Dorénavant, j'accepte cette partie de mon ombre et de ma lumière.

J'ai une grande capacité d'empathie qui me permet de connecter très rapidement avec l'autre. Je peux tutoyer quelqu'un en trois minutes, juste parce que je « ressens » la connexion au-delà de toute étiquette. Cela peut faire peur et induire la croyance que je suis en demande d'amour, que je suis affectivement dépendante et que je vais m'accrocher à la personne.

J'avais aussi tendance à dire Oui à tout, même si cela ne correspondait pas à ce que mon cœur disait ou voulait. J'étais jugée comme n'ayant aucune personnalité, hypocrite, manipulatrice et girouette. En fait, je comprenais les différents points de vue des uns et des autres. J'y adhérais sans réflexion profonde de ma part. J'essayais d'appliquer une citation lue à mon adolescence : « *tout comprendre c'est tout pardonner* » *Guerre et Paix* de Léon Tolstoï.

Étiquetée par certains comme totalement dépendante, ou totalement individualiste et sans cœur par d'autres, j'étais dans une confusion permanente. Doute et stress rongeaient mon mental, mon cœur et mon corps, pour répondre à la question incessante : « **qui suis-je en réalité ?** : Celle que les autres croient que je suis ou celle que je crois être » ? Dans les deux cas, il y a toujours une parcelle de vérité.

Ce que je savais et vivais avec clarté, c'est qu'une fois la personne hors de ma présence, je n'éprouvais aucune sensation de manque à son égard. Que ce soit un enfant, un parent, un ami, un conjoint, et même si ces êtres mouraient.

Je me suis jugée, culpabilisée et condamnée de ne ressentir aucun manque ni tristesse à la mort de ma mère que je n'ai jamais vue heureuse, de mon premier fils, de ma grand-mère et de mon neveu parti à sept ans et demi après une opération à cœur ouvert.

A cause de ces ressentis, je croyais que je ne les aimais pas. Je me comparais sans cesse avec tous ceux qui étaient en si grande souffrance, inconsolables de la perte d'un être cher à leur cœur. Je les enviais même de souffrir ainsi, car cela me semblait être le vrai amour et la normalité.

J'en arrivais à ne plus savoir ce qu'est aimer. Je souhaitais sans cesse pouvoir me dire : « Ça y est ! Je sais enfin aimer ; je vais pouvoir être aimée et connaître le bonheur. »

Je me suis « étiquetée » selon le jugement de mon entourage : inhumaine, sans cœur, séductrice, jalouse, envieuse, copieuse, ne sait pas se prendre en charge, sans personnalité... jusqu'à être comparée dans certaines circonstances à Dark Vador (*La Guerre des Etoiles*) ou Golum (*Le Seigneur des Anneaux*).

« *Ne sait pas se prendre en charge* ». Aider ou soutenir une personne peut être d'un grand secours pour lui permettre de reprendre des forces ou voir les choses différemment pour avancer.

Aider en surprotection serait comme donner une béquille permanente à un enfant qui apprend à marcher et dont le parent ne veut pas qu'il tombe ou se fasse mal. C'est ainsi que j'ai vécu l'aide familiale. D'autant plus que je n'avais pas la force de refuser l'aide, me croyant tellement impuissante et incompétente.

Tantôt je m'affaiblissais dans ma propre estime, tantôt je réagissais comme une adolescente en révolte. J'étais en comparaison et auto-jugement permanents.

Pourtant ! RIEN ne correspondait à mon profond ressenti. Je n'arrivais plus à m'exprimer, noyée sous une chappe de croyances et de jugement des autres sur moi et de moi sur moi. En plus, mes comportements leur donnaient raison ! Ma culpabilité et ma peur d'être rejetée me rendaient loyale envers leur jugement que je prenais pour argent comptant.

> **Je n'étais pas du tout alignée avec mon être profond.**

Aujourd'hui, je me demande encore : **comment ai-je pu me renier à ce point extrême ?** Simplement par injonction intérieure de loyauté vis-à-vis d'une autorité que je considérais comme toute puissante ?

Cette interrogation est devenue encore plus cruciale, lorsque j'ai découvert RA URU HU, fondateur du concept Human Design, « *une façon de comprendre les mécanismes de la nature de l'être, la Science de la Différenciation* ». Selon cette grille de lecture, je porte la vibration de la « Croix d'Incarnation de l'Angle Droit du Vaisseau d'Amour ».

Comparaison et auto-jugement sont contraires à la loi de l'amour pour soi comme pour l'autre.

Aujourd'hui, je peux envisager une autre lecture de ce passage de ma vie :

- Est-ce ma culture bouddhiste de réincarnation ?
- Est-ce ma mémoire d'un monde de lumière ?
- Est-ce une connaissance venue d'ailleurs ?

J'étais consciente que chaque personne qui quitte la terre, vit dans un autre monde. C'est uniquement son corps physique qui n'est plus visible à nos yeux.

Son énergie peut toujours être présente si notre cœur le désire. Mais est-ce la réalité émotionnelle vécue dans nos cellules ?

De retour dans ma propre famille à mes six ans, ma mère séjournait souvent à l'hôpital.

Dès mes huit ans, je travaillais dans le restaurant familial. Je prenais les commandes des clients et épluchais les légumes. Ma mère se reposait seule à l'étage.

Me suis-je protégée de la peine de ne pas avoir été proche de ma mère ? L'avenir me révèlera, en 2015, lors d'une séance avec ma Mentore, que mon corps avait ressenti une colère et un chagrin immenses au décès de ma mère, jamais exprimés ni conscientisés, juste enfouis.

À l'époque, je constatais juste que je n'étais pas triste, et même plutôt soulagée pour ma mère qui était malade depuis de nombreuses années, ma grand-mère qui venait d'être amputée d'une jambe à soixante-seize ans et mon premier enfant né avec un bec-de-lièvre. Je craignais qu'il soit rejeté par la société par sa différence et qu'il ne pourrait jamais être heureux. Quelle croyance immature à mes vingt ans ! Mon fils aîné était un si bel enfant à sa naissance…

Mon neveu est né avec une malformation cœur/poumon. Je ne l'ai jamais vu manger ni marcher. Je ne l'ai jamais entendu pleurer ni parler.

Ma cousine l'a élevée courageusement, refusant de le placer en institut. Lorsqu'il a quitté la vie terrestre, j'ai été soulagée tant pour ma cousine que pour lui-même.

Je ne comprenais pas le chagrin de ma cousine. Et j'ai prononcé des paroles blessantes pour la mère qu'elle était. Cela nous a marquées toutes les deux et a créé beaucoup de souffrances et de culpabilité.

A l'annonce de la date d'enterrement, j'ai répondu à ma cousine. *« Je ne peux pas remonter sur Paris, c'est la rentrée des classes et je n'ai jamais été proche de ton fils »*.

Je ne suis donc pas allée à l'enterrement, ni celui de ma grand-mère, ni celui de mon propre fils aîné.

Pourquoi ? Simplement parce que j'écoutais l'autorité parentale. A l'enterrement de ma grand-mère, mon accouchement était prévu dix jours après. A l'enterrement de mon fils aîné, la coutume asiatique familiale voulait qu'une jeune accouchée reste allongée un mois entier sans bouger et sans sortir.

C'est donc ma cousine et son mari qui ont fait toutes les démarches et assisté à l'enterrement de mon fils aîné.

De ces épisodes de vie, j'ai porté une culpabilité immense. J'ai même arrêté de participer aux soins ostéopathiques donnés aux enfants porteurs de handicap.

Ma cousine a trouvé choquant et révoltant que je puisse m'occuper de ces enfants et leurs parents alors que j'étais totalement inhumaine, insensible à sa douleur ainsi qu'à celle de ses deux autres enfants.

Je validais qu'elle avait raison. J'ai donc arrêté de donner des séances durant de longues années. Cela justifiait amplement le jugement que je n'avais pas de cœur, et donc aucun droit spirituel d'approcher cette catégorie de patients, ni même prétendre faire du bien à quiconque.

Il fallait que j'ouvre mon cœur, que j'aie de la compassion avant de me permettre de poser mes mains sur qui que ce soit. Comme je ne me sens absolument pas thérapeute, j'adhérais sans réserve à cette directive. Malgré moi, je ressentais mon cœur troublé et en conflit avec mon « obéissance ».

La Vie veille toujours à rétablir ce que notre âme doit faire. L'avenir me le confirmera.

Avec la maturité, je saisis mieux la tristesse ou la colère de ceux qui restent avec toutes les turbulences émotionnelles, psychologiques, matérielles que cela peut engendrer. Je suis très rarement triste pour la personne qui quitte la terre.

La vie sur terre, à mon sens, est magnifique ; et en même temps ardue et souffrante. Il m'est très naturel d'être neutre ou même joyeuse lorsqu'un être quitte la vie terrestre.

Néanmoins, je comprends le choc d'une mort violente et inattendue pour leur entourage. *« Les Thanatonautes »* de Bernard Werber m'a marquée et a été la révélation d'une hypothèse surprenante. Je vous transcris ici de mémoire un passage.

J'espère ne pas trop déformer la pensée de son auteur, n'ayant plus son livre. *« Les décès en masse dus aux catastrophes naturelles ou provoquées ou aux accidents ont été "choisis" par ces personnes pour recevoir l'énergie de la compassion en soutien pour leur évolution spirituelle. »*

Je suis très consciente de l'importance de quitter la terre avec un cœur et un esprit en paix. C'est pourquoi je veille à ce que mes paroles et mes actes puissent générer le maximum de paix pour moi, comme pour l'autre, et surtout pour les personnes malades ou âgées.

En observant la Nature, j'apprends à accepter le cycle de mes émotions, de mes pensées et des événements qui traversent ma vie ou se passent à l'extérieur de moi.

> **La Vie veut toujours nous redonner la conscience de notre être originel, avec l'aide du Temps.**

La Vie nous apporte des expériences de joies, de peines, de tourbillons, d'orages et de ciels sous la pluie avec son arc-en-ciel.

Un rappel que **la Vie est pluie et soleil**, parfois en simultané, et d'autres fois l'un après l'autre. La Nature est patiente et mouvante, même si ce qui se passe sous terre est invisible.

Au tout début de notre parcours de vie, nous n'avons aucune idée qu'au fond de nous, **il existe un lieu de paix et d'amour pour soi et pour les autres**. Nous sommes comme anesthésiés, sans conscience de notre nature profonde et de notre bonté naturelle.

De plus, sur notre parcours, des turbulences nous chamboulent, nous malmènent, nous révoltent, pour qu'à un moment donné elles viennent **nous réveiller de mille et une manières**, uniques et propres à chacun chacune.

> **L'Amour veille et dirige chaque personne à un moment de sa vie à retrouver l'amour de soi.**

Jeune adolescente, j'étais fascinée par le patinage artistique en couple. **Soudain, l'un d'eux tombait et se relevait.** Ils continuaient leur danse et la compétition. Que d'heures de travail étaient nécessaires pour réaliser ces performances d'harmonie et de grâce !

Combien de confiance en soi et en l'autre, combien d'humilité aussi pour tomber, se relever et continuer en souriant devant le public et le jury !

> **Il est souvent dit que les deux émotions primordiales sont l'amour et la peur.**

Au fond, savons-nous réellement **comment se manifestent la peur ou l'amour ?** Sommes-nous assez conscients de leurs manifestations ?

Nous avons tellement peur les uns des autres !
Une part de nous est si terrorisée du risque d'être rejetée ou bannie et de ne pas recevoir d'amour, notre source de vie. Ainsi, nous rentrons dans une spirale de manipulation de nous-même d'abord, puis de l'autre, dans un cercle non vertueux, qui tourne en boucle et s'auto-entretient.

> **Sommes-nous vraiment vivants, si nous ne sommes pas en amour avec nous-mêmes et avec les autres ?**

Comment prendre conscience que j'étais dans le labyrinthe de la haine de soi et contribuais ainsi à ma propre souffrance ?

J'ai constaté tant pour moi-même que pour chacun, **la difficulté à s'autoriser à se faire du bien,** à être profondément heureux, heureuse, à accepter d'être acteur, actrice de son bonheur et de son bien-être.

J'ai été une boulimique de stages pour devenir une meilleure personne jusqu'à me mettre en insécurité financière. J'ai cherché sans relâche à l'extérieur de moi, sans jamais m'interroger en profondeur.

Au cours des différents stages, j'observais que chaque personne recevait les enseignements différemment. **Les mots sont toujours filtrés à travers le vécu personnel.** Pour toute expression écrite, lue ou parlée, chaque personne va donner ou recevoir consciemment ou inconsciemment, sa propre interprétation.

Toutes les expériences sont engrammées dans le corps, le cœur et le mental.

> **Le langage est porteur d'ambiguïté, source de malentendus et donc de souffrances.**

J'ai longtemps été irritée par ce que j'entendais. J'observais la façon dont les adultes vivaient. Cela me semblait être en contradiction avec leurs paroles ou ce qu'ils tentaient de m'enseigner.

Dans certaines circonstances, **nous vivons aussi nos contradictions et nos incohérences.** C'est pourquoi il est préjudiciable et surtout contre-productif de se juger ou de juger l'autre.

Un père se croit très tolérant et ouvert d'esprit. Cependant, il refuse que sa fille épouse un noir, un asiatique, un catholique, un musulman, un juif ... très bien évoqué avec humour dans le film « *Mais, qu'est-ce que j'ai fait au Bon Dieu ?* »

J'ai développé une certaine réticence vis-à-vis de certains mots d'adultes lorsque j'étais enfant, puis lorsque je suis devenue adulte à mon tour.

Mon enfant intérieur rejetait tout adulte autoritaire et se méfiait de tout adulte gentil. L'un voulait éduquer ma façon de penser et d'être. L'autre voulait me guider, pour que je sois un objet de compensation à son vide : affectif, psychologique, émotionnel ou même physique.

Je ne pouvais même pas me fier à mon propre corps pour savoir me protéger.

J'avais des défaillances : des crises convulsives qui me faisaient tomber dans les pommes n'importe où, dès qu'une émotion forte arrivait.

A quatorze ans, j'ai refusé le traitement que l'on m'imposait : prendre du gardénal à vie. Sans rien dire à qui que ce soit, je décidai en silence de me sevrer de ce médicament. J'ai mis trois ans pour réussir à m'en débarrasser totalement et ne plus avoir de crise. Toutefois, il me restait une légère appréhension face à des situations inconnues ou à forte charge émotionnelle.

Donc, pour éviter toute émotion, je développai **une stratégie gagnante à l'époque** : ne rien dire, ne rien exprimer, ne contrarier personne et me protéger au maximum de tout conflit.

Trouver un sens à mon vécu est fondamental, même si certains éléments ou évènements de la vie ne sont pas déchiffrables de suite.

C'est seulement passé la soixantaine que j'ai commencé **à marcher différemment et consciemment sur le « chemin de la paix pour soi et en soi »**. Je me croyais calme et zen et je le suis. Que ce soit dans mon milieu professionnel ou amical, tout se passe dans l'harmonie et l'attention mutuelle. Je ne ressentais pas de souffrance, sauf dans mes relations familiales où j'étais confuse, perdue, même haineuse alors que je savais que ce n'était pas ma nature.

Un matin au réveil, je reçois, ce poème : « *Le Labyrinthe de la Peur* »

Le manque de reliance à la Source Divine,
Mène à l'auto-jugement,
L'auto-jugement mène à la culpabilité,
La culpabilité mène à la peur,
La peur mène à l'envie, la jalousie, la honte.

Sortir du Labyrinthe ?...
Le retour à la Simplicité,
Qui mène à l'innocence du Cœur originel,
Accouche le Divin en Soi.

La Connaissance du Soi mène à l'Accueil,
L'Accueil mène à la Joie,
La Joie mène à la Paix en Soi et avec le Monde.

« **Retour à la Simplicité** » m'interpelle ! Qu'est-ce que la Simplicité ? Par où commencer ? Après quelques jours de questionnement, je reçois une piste à explorer : **la voie du corps, pour réconcilier le cœur et apaiser le cerveau.**

J'y trouve un sens cohérent avec mes formations et pratiques d'ostéopathie et de santé naturelle.

> **« De l'apprivoisement du Corps,
> À la Reconnexion au Cœur »**

En même temps, je commence à me poser des questions sur ma relation réelle avec mon corps, me rappelant qu'adolescente je le détestais. Il attirait quelques regards inconvenants, mon corps de treize ans paraissait en avoir dix-huit, avec une poitrine d'adulte.

De plus, mon corps ne correspondait pas aux critères de beauté androgyne de l'époque de Jane Birkin.

Au fond, notre corps, qui est-il, comment fonctionne-t-il ? Qu'est-ce qu'il nous dit ? Comment le traitons-nous ? Quelle relation avons-nous avec lui ?

Est-ce un élément de valeur ou juste un esclave à nos ordres ? Est-ce un élément de faire-valoir ou un précieux joyau ? Est-ce un ennemi, un ami ou un esclave à dresser, à maltraiter et faire souffrir ?

Et si, pour une fois, nous nous mettions à l'apprécier tel un partenaire à choyer, pour qu'il nous soutienne dans nos projets de vie et dans notre bien-être ? Pouvons-nous l'honorer ?

> **Comment nous réconcilier avec notre corps
> afin qu'il soit heureux de servir notre vie ?**

Maintes fois, j'ai fonctionné comme écartelée : ma tête voulant une chose, mon corps une autre et mon cœur une autre encore !!!

Ma tête veut manger un plat alors que mon corps sait que ce n'est pas bon pour lui : (trop gras, trop salé, trop sucré). De plus, la physiologie de digestion et d'absorption des nutriments n'est pas respectée.

Mon cœur veut de la douceur et manger pour compenser un vide existentiel. Mon âme sait qu'il existe une autre façon de nourrir mon cœur.

Or le plus souvent, c'est ma tête qui gagne, c'est plus facile.

> **Mais qui commande réellement ma tête ?**
> **Mon égo ? Mes habitudes ? Ma paresse ? Mes peurs ?**

Prenons l'exemple d'une personne dont le corps n'est pas conforme aux critères de beauté de la société et veut maigrir. Comment s'y prend-elle ? Quelle est sa motivation profonde ?

Veut-elle maigrir pour retrouver du bien-être par amour pour elle-même ? Veut-elle maigrir parce que son corps est un barrage à son besoin de valeur, de séduction, ou même pour accéder au poste désiré en changeant le regard des autres sur elle ?

C'est triste que certains métiers ne soient pas accessibles à toutes formes de corps, surtout dans les métiers où le paraître prime. Je salue Johannes Hendrix Hubert de Mol, néerlandais, créateur de « the Voice » avec ses auditions à l'aveugle.

Chacun reçoit sa chance d'être sélectionné pour sa voix et non pour son physique.

Les personnes qui ont laissé uniquement leur tête commander leur corps se prédisposent au burn-out. Leur corps est devenu un esclave qui doit obéir à leur besoin de productivité et de perfectionnisme. Pas de repos, pas d'excuse, juste exécuter les ordres ! Dans le film « *La Tresse* » Sarah, avocate de renom (Kim Raver), l'illustre magistralement.

Et le Cœur dans tout ça ? Eh bien, il s'emballe, il se tait, il se recroqueville jusqu'à renoncer à se faire entendre.

Pourquoi maltraitons-nous notre corps ?

Nous ne respectons ni ses besoins ni sa physiologie. Aurions-nous l'idée d'utiliser un outil sans en connaître le mode d'emploi ?

Notre corps n'est-il pas le plus sophistiqué et le plus perfectionné des instruments, mis à notre disposition ?

Avons-nous été assez curieux pour chercher à comprendre son fonctionnement ?

Comment nous reconnecter avec notre corps afin de nous réconcilier avec nous-même ? Comment retrouver notre nature originelle divine grâce à l'amour de soi ?

Est-il possible de s'aimer et de se laisser aimer, en passant outre le corps ?

Tout a été mémorisé, engrammé dans nos cellules, aussi bien nos joies que nos peines.

« Votre corps est précieux. Il est votre véhicule pour l'éveil. Prenez-en soin ». Bouddha

Notre cerveau sait bien nous commander. Toutefois, **notre cerveau/mental est-il au service de notre cœur, ou au service de nos croyances et de nos peurs ?**

Nelson Mandela nous rappelle :

*« Que vos choix reflètent vos espoirs,
Et non vos peurs. »*

Pourquoi est-ce si difficile de nous respecter et de nous aimer tout simplement ?

Nous avons tous cette sagesse intérieure de savoir ce qui est bon pour nous.

Le Labyrinthe de l'Amour

Chapitre 2 – Réveil de conscience

J'avais un début de réponse quant à **la nécessité de revenir à la Simplicité**. Je devais explorer la piste du corps. Cependant, je continuais nerveusement à me poser cette question. Comment trouver la paix et l'amour pour moi, alors que je me jugeais une si mauvaise personne, indigne d'être aimée ?

Une réponse inattendue, fut un réveil sans alarme.

Un matin, j'ai senti une énergie inconnue monter, tous mes sens en éveil : la vue, l'ouïe, le toucher, l'odorat, le goût. J'ai ressenti un fort besoin de sentir de l'encens, d'écouter le silence qui était en train de me parler. Choisir pour mon regard quelque chose de beau à voir : observer une fleur dans sa globalité puis attentivement dans ses détails. J'ai éprouvé aussi le besoin de douceur pour mon cœur, quelque chose de doux et d'encourageant à lire ou à écouter. J'ai recherché alors mon livre d'or de tous les témoignages reçus de mes patients et ex-collègues, pendant que j'écoutais une musique douce.

Très rapidement, un choix et une décision ont émergé. **J'étais arrivée à un point de bascule.** Je n'en pouvais plus de lutter contre mon coeur, de ressentir une anxiété de fond permanente et pourtant invisible à l'extérieur.

J'assumais avec beaucoup d'efficacité et de calme ce que j'avais à faire. Dans ces moments-là, j'étais comme déconnectée de moi-même.

Apprendre à m'aimer, à m'accepter et à oser être et faire ce qui est dans mon cœur, sans attacher d'importance aux opinions de mon entourage : **c'était ça ma priorité absolue !**

La Vie sait avant nous ce dont nous avons besoin.

Dès cet instant, la Vie a commencé à **mettre sur mon chemin les bonnes personnes** pour avancer sur ce chemin d'amour. Jusque-là, j'avais accepté toutes les étiquettes collées sur moi. Mais ce jour-là, je choisis et décide de les enlever une à une pour créer mon propre bonheur. Je commence à **poser des actes très simples, infimes même, mais concrets,** pour me créer de la joie jour après jour.

N'étant pas de nature guerrière, je me crée une phrase-mantra : *« Tout ce qui n'est pas aligné sur la joie de vivre et la paix, est écarté naturellement de mon chemin, sans blesser qui que ce soit. Je suis toujours au bon endroit, au bon moment avec les bonnes personnes. Et chaque personne rencontrée est une aide de destinée l'une pour l'autre. »*

Chaque être sur terre doit trouver son propre chemin de paix. Paix avec ce qui s'est passé ou a failli se passer, avec ce qu'il a fait ou pas fait, avec ce qu'il a dit, ou pas dit, avec ce qu'il a vu ou ce qu'il a entendu.

Tout ce qui a été vécu devait être ainsi, puisque Cela a été ! Cela ne pouvait pas en être autrement ; **notre conscience de cet instant-là était Cela.**

Un enfant apprend à marcher : il tombe, il se cogne, il se fait mal, il pleure, il est en colère, il se relève. Il avance d'un pas puis après d'un autre. **Un jour il réussit ! Il marche !** L'enfant ne s'est jamais posé la question ni même jugé sur sa capacité ou pas de marcher.

En tant que parent, nous viendrait-il à l'idée de le juger, de le critiquer pour ses chutes, ses pleurs et parfois même ses colères pendant son apprentissage ? Au contraire, nous acceptons l'enfant où il en est dans son évolution. **Nous l'encourageons et le félicitons à chacun de ses progrès.**

Et si nous adoptions cette même attitude envers nous-mêmes. Nous accepter dans notre évolution avec tout ce que nous avons fait ou pas fait, dit ou pas dit.

Que se passerait-il ? Ne laissons plus notre mental nous imposer son jugement et ses critiques.

Arrêtons-nous de ressasser !

Entre le savoir et le vivre, il y a parfois un fossé immense entre les deux ! Pendant de très longues années, j'ai ressassé ce que j'avais fait ou pas fait, dit ou pas dit. J'avais créé ma propre souffrance !

"Ce que vous percevez comme des fautes ne sont pas des fautes mais des aspects vitaux de la Nature humaine... Observez la vie sans jugement et vous verrez que le bien et le mal sont seulement des perceptions. Nos jugements sont en fait des peurs et ce dont nous avons peur réellement, c'est de notre côté obscur qui fait également partie de notre véritable nature. Tout a une raison d'être, une utilité et son contraire ».

« *L'oracle de l'Archange Michaël* »
~Toni Carmine Salerno~

Un jour, un ange a déposé une graine. Elle a germé pour que je retrouve le chemin de l'amour. Les oiseaux déposent des graines dans la terre et peu de temps après, nous voyons une jeune pousse en sortir sans même savoir comment c'est arrivé.

Sortir du Labyrinthe de la Peur ?
Le retour à la Simplicité qui mène
A l'innocence du Cœur originel,
Accouche le Divin en Soi.

La reliance au Divin mène à la Connaissance du Soi,
La Connaissance du Soi mène à l'Accueil,

L'Accueil mène à la Joie,
La Joie mène à la Paix en soi et avec le Monde.

Un jour, je découvre sur internet Nicole Marchal, une thérapeute psychocorporelle. Dès la première séance avec elle, par son toucher sensitif de la méthode Claude Camilli®, je perçois au plus profond de moi qui je suis telle que je suis dans l'instant et en devenir : un être de valeur.

Pour la première fois, je me sens profondément comprise et acceptée par moi-même, comme par Nicole. Elle a redonné la parole à mon corps, elle m'a initiée à en écouter le message par un toucher infiniment présent et respectueux. Cela m'a offert la magie de me révéler.

Sans aucune attente de résultat, suivre le mouvement de la vie qui s'exprime dans l'instant naturellement, est profondément guérisseur : la parole, l'écoute et le toucher à leurs vraies et justes places.

Je retiens que la médecine chinoise s'occupe toujours en priorité du physique : alimentation, respiration, gymnastique, massage, avant de s'adresser au mental.

Certains matins, je reçois des messages intérieurs. Proviennent-ils des Archanges ? Des Ancêtres ? Un encouragement à retrouver ce chemin de l'Amour ?

En voici quelques-uns :

« Ce n'est pas parce que tu ne fonctionnes pas comme ta famille que tu es une mauvaise personne ».

« Arrête de te juger selon les critères extérieurs des autres. Evalue-toi selon tes propres valeurs ».

« Aide les autres à croire en eux. Mets cette intention dans tout ce que tu fais, avec toutes les personnes que tu rencontres. Cela fait partie de ton chemin de vie et c'est la résultante de ton parcours passé ».

« Ecris et creuse tes souhaits et tes rêves : pourquoi ceux-là et pas d'autres ? La clarté te donnera force, détermination, courage, persévérance et autodiscipline. La clarté t'apportera aussi la confiance et l'énergie d'accomplir ta vie et tes rêves. »

« Apaise-toi ! Aime-toi dans toutes les dimensions, coins et recoins de ton être : lumineux, sombre, honteux, faible, vulnérable, peureux, confus, perdu, joyeux, créatif, inspiré... Cela fait de toi un être unique avec son propre chemin de résilience et de paix.

Tu as un talent unique à partager pour servir le plus grand nombre. Sois fière de toi et reste bénie". AA Metatron

Pour extirper de mon cerveau les pensées de peur ou de culpabilité qui arrivent et tournent en boucle, j'écris à ces parties de moi qui n'ont jamais eu droit de parole. Qu'elles soient lumineuses ou honteuses. Lorsque j'ai du mal à écrire sans me censurer, je fais une pause, je me reconnecte à mon corps et je danse sur mon trampoline.

Les bonnes personnes « *aide de destinée* » continuent à venir vers moi.

La rencontre avec Fana fut singulière. Elle est devenue une amie.

Elle me révèle qu'il existe à l'intérieur de nous tout un tas de personnages différents portant chacun le masque de l'archétype qu'il représente. Une équipe dont aucun membre n'est d'accord avec l'autre. Et tout cela se fait à l'insu de notre conscience, impactant tous nos choix.

En écho avec mon travail pour mes patients, je commence à écrire une lettre à mon Corps, à mon Cœur et à mon Cerveau que je vous partage dans leur forme originale.

Lettre à mon Corps

« Celui qui n'a pas le temps
De prendre soin de sa santé,
Devra un jour trouver le temps, l'argent
Et la patience de prendre soin de sa maladie »
~Anonyme~

Bonjour mon Corps,

Merci mon Corps d'avoir toujours été là pour moi. Tu es magnifique et je t'aime. Tu ne m'as jamais rien demandé.

Je me rends compte que je n'ai jamais vraiment cherché à savoir comment tu fonctionnais, ce dont tu avais besoin pour être au top, me donner toute l'énergie pour réaliser mes rêves, pour m'aimer mieux moi-même et le monde.

Sans toi, mon Corps, je ne serais pas sur terre. C'est grâce à toi que je peux marcher, courir, danser, écrire, lire, travailler, me reposer... aimer...

Sans toi, mon Corps, je ne connaîtrais pas la douceur du toucher, l'ivresse des odeurs, et le ravissement des couleurs.

Sans toi, mon Corps, je ne verrais pas le lever et le coucher du soleil, la lune et les étoiles.

Sans toi, mon Corps, je ne connaîtrais pas la saveur des merveilleux fruits et légumes que la Nature et la Terre-Mère nous offrent en abondance.

Sans toi, mon Corps, je ne connaîtrais pas l'enchantement d'écouter et d'entendre de beaux poèmes, des mots d'amour, de la musique, des chants d'oiseaux.

Sans toi, mon Corps, je ne connaîtrais pas le bonheur de faire l'amour avec l'homme que j'aime et qui m'aime.

Sans toi, mon Corps, je n'aurais jamais eu la chance et le bonheur de porter mes enfants dans mon ventre. Je n'aurais pas eu la joie d'exprimer ma tendresse en caresses, en bisous, en « câlinous ».

Sans toi, je n'aurais pas été consciente de mes émotions, de mon bien-être, de mon mal-être, de tes signaux d'alarme que là où je me dirigeais n'était pas un bon choix pour moi, même si je ne t'écoutais pas.

Sans toi, je ne saurais pas si mon cœur est joyeux ou triste, content ou frustré, confus ou en paix.

Sans toi, je ne saurais pas réfléchir, élaborer des projets, réaliser des rêves, ni acquérir des connaissances et de la sagesse.

Tant de choses que tu me permets de faire. Tant de choses pour lesquelles je peux te remercier.

Alors, aujourd'hui, je voudrais te dire 1000 fois merci pour ta fidélité, pour ton soutien, pour ton amour.

Je sais que tu seras avec moi jusqu'à mon dernier souffle. Il ne peut en être autrement.

Je veux apprendre à te connaître, à comprendre tes besoins, à maîtriser ton « mode d'emploi » pour te donner le meilleur et en faire sortir le meilleur. Je sais que tu as des possibilités infinies. Cependant tu n'es pas à ton plein potentiel ; j'ai encore plein d'ignorance à ton sujet.

Je m'engage donc à mieux te connaître pour t'entendre, te comprendre et te respecter.

Cela va commencer par :

- Respirer de l'air pur avec lenteur et profondeur, en co-créant pour toi et avec toi les meilleures conditions possibles.

- Me nourrir avec conscience et gratitude. Tu accomplis un travail considérable 24h/24h ! Sans relâche, tu absorbes, tu tries, tu digères, tu assimiles, tu élimines tout ce que je te donne en nourriture, en pensées ou en émotions.

- Il est temps que je te donne du repos plusieurs fois par jour, même quelques minutes et que je respecte ton rythme des trois heures à minima pour la digestion. Et pourquoi pas un jour de RTT de digestion de toute nourriture ? Jour de la Pleine Lune, de la Nouvelle Lune ou un jour par semaine, comme je l'avais pratiqué pendant longtemps et que j'ai abandonné ? Je suis à ton écoute !

- Je veillerai aussi à la pause de cinq minutes toutes les heures, pendant un travail de grande concentration.

- Je veillerai à me mettre en condition pour un sommeil de qualité afin de me réveiller pleine d'énergie.

Tu sais très bien ce qui est bon pour toi, même si je fais parfois la sourde oreille à tes chuchotements.

D'ailleurs le proverbe tibétain l'évoque très bien :

> « Si tu écoutes ton corps lorsqu'il chuchote,
> Tu n'auras pas à l'entendre crier ».
> ~Sagesse tibétaine~

Je veux aussi apprendre à mieux comprendre ton travail. Comment transformes-tu les aliments en nutriments, en santé, en énergie, en vitalité ?

Quelles sont les conditions idéales pour que tu excelles dans ce rôle ? Je suis ta partenaire cocréatrice de ma santé, de ma vitalité, de mon énergie. Alors, s'il te plaît, guide-moi avec douceur, patience et bienveillance.

J'ai découvert que tu as aussi une partie immatérielle et énergétique. Explique-moi comment mes pensées et mes émotions agissent sur toi, s'impriment en toi, facilitent ou entravent ta vitalité et ta joie de vivre naturelles.

Ma Mentore nous rappelait souvent :

> *« Tout ce qui ne s'exprime pas, s'imprime »*

Tu as tout en toi et tu sais exactement ce dont tu as besoin. Comment puis-je favoriser ton excellence ? Apprends-moi à t'écouter et avoir confiance en toi et en moi.

Tout en écrivant, je me rappelais mes formations. La santé et la vitalité reposent en partie sur trois piliers : tout ce que nous mettons librement dans notre corps relève de notre responsabilité.

- **Pilier de la nourriture** : je me nourris comment ? Avec des aliments nutritifs ? vibratoires ? énergétiques ? naturels ? morts ? trafiqués ?

Hippocrate, médecin grec de l'Antiquité cinq siècles avant J.C., avait affirmé la primauté de l'alimentation dans la santé. Notre santé physique et psychologique est directement liée aux nutriments contenus dans les aliments :

> *« Que ton alimentation soit ta première médecine ».*
> *Nous sommes ce que nous mangeons ».*

- **Pilier des émotions** : je nourris mon cœur comment ? Avec des émotions qui me mettent en joie ? Ou bien qui font chuter mon moral ?
- **Pilier de l'environnement** : Quel air je fais entrer dans mes poumons ? Est-il pur ? Toxique ? Sain ?

Je te remercie pour ce rôle que tu tiens depuis ma naissance et tiendras jusqu'à ma mort. Nous sommes deux, mais nous sommes UN, unis pour la Vie !

C'est ainsi que nous pourrons donner le meilleur de nous-mêmes au monde.

La Vie nous aime, célébrons-là, aimons-là de tout notre cœur.

« Planifiez un rendez-vous sacré avec vous-même,
Vous méritez de prendre du temps pour vous ».
~Cheryl Richardson~

N'oublions pas que c'est grâce à notre corps physique que nous vivons et réalisons nos rêves dans la matière.

1ère pause : Expérience-découverte Reconnexion au Corps
Mets un masque de repos ou un foulard sur tes yeux pour être vraiment dans le noir. Cela favorise ta détente et ton attention à tes sensations corporelles. Découvre maintenant tes mains seulement par le toucher. Accorde-toi ces deux minutes de temps sacré pour ton auto-apaisement. Scanne ce QR code pour accéder à l'audio :

Lettre à mon Cœur

*« C'est impossible ! dit la Fierté,
C'est risqué ! dit l'Expérience,
C'est sans issue ! dit la Raison,
Essayons ! Murmure le Cœur ».*
~William Arthur Warm~

Bonjour mon Cœur,

Où es-tu parti ? J'avais l'impression que tu étais avec moi, mais je me rends compte que tu es très loin de moi.

Pourquoi et comment je le sais ? Parce que je ne suis pas si joyeuse que ça. Je te sens loin de moi, souvent plus apeuré et caché dans un coin, comme si tu voulais être invisible. Je te sens bien battre dans mon corps, même au rythme régulier d'un cœur de sportif. En même temps, je ne te sens pas joyeux, ni vivant, ni espiègle, ni joueur.

Dans le silence, tu continues à te cacher. Comme la rose dans le Petit Prince avec ses quatre épines. Tu montres tes épines pour me dire « ne t'approche pas trop près. Je me sens vulnérable et j'ai peur de toi. Je préfère me montrer forte avec mes épines avant que tu ne me fasses mal ».

Mon Cœur, chaque fois que je veux aimer ou que je peux recevoir de l'amour, tu mets une bulle protectrice très épaisse pour que rien ne pénètre. Je te vois comme un escargot qui se rétracte dans sa coquille dès qu'une parcelle de toi est touchée.

Aujourd'hui, mon Cœur, je veux te libérer et te redonner ce qui t'appartient : la joie, la spontanéité, la créativité, le rire, l'amour à donner et à recevoir.

Le danger n'existe plus ! Tu ne me crois pas ? ! Je ne vais pas chercher à te convaincre. Je vais juste te raconter une histoire, ton histoire :

Lorsque j'étais petite, je riais tout le temps, tandis que les adultes qui s'occupaient de moi étaient beaucoup trop sérieux. Oui, ils se prenaient beaucoup trop au sérieux. Les rires ou les pleurs, l'expression des émotions et de la vie étaient interdits.

Ainsi, tu as commencé à devenir silencieux. Et j'ai de moins en moins ri et parlé, en devenant sage comme une image !

Au fond de toi, tu sais que ta nature intrinsèque est de rire, de jouer, de créer, d'aimer, d'être aimée. Cela, tu ne peux ni le cacher, ni le détruire. La seule chose que tu as pu faire, c'est te cacher, te faire tout petit, te rétrécir et te rendre invisible et inaudible.

Le Cœur est fait pour éclairer, rayonner et rendre joyeux tous ceux que tu rencontres.

Aujourd'hui, Moi Micheline, Minh-Tâm, qui veut en plus dire « Cœur Eclairé », je suis venue te chercher, te faire sortir de ta cachette car ce n'est pas ta place.

Ce que tu as vécu dans le passé n'existe plus ! Les adultes de l'époque ne sont plus sur terre ! Et toi mon Cœur, tu n'es plus le même non plus ! J'ai grandi, j'ai mûri, j'ai appris, j'ai expérimenté et j'ai acquis de la sagesse et des connaissances.

Il est temps, mon Cœur, que tu sortes de ta cachette, de ton cachot dans lequel j'ai choisi de t'enfermer. Il est temps que tu diffuses et rayonnes toutes les qualités qui sont les tiennes. Nul ne peut ni ne pourra te les enlever.

Tu es indestructible, tu es invincible, « Tout ce que Tu Es, suffit ». Personne au monde ne peut te désintégrer. C'est ta nature, ta nature divine, celle d'un enfant divin.

Alors mon Cœur, je te déclare avec l'Univers pour témoin :

Tu es Amour, tu es Création, tu es Joie, tu es Spontanéité, tu es Rire, tu es Larme, tu es Divin.

Merci mon Cœur,
Je t'aime de tout mon cœur.

« Ce n'est pas le fait d'être aimé par quelqu'un
Qui guérit notre guerre civile intérieure.
C'est d'être aimé par soi-même,
De s'accepter, de la racine à la cime ».
~Placide Gaboury~

2e pause : Expérience-découverte Douceur

Mets un masque de repos ou un foulard sur tes yeux pour être vraiment dans le noir. Cela favorise ta détente et ton attention à tes sensations corporelles. Découvre maintenant tes mains seulement par le toucher. Accorde-toi ces deux minutes de temps sacré pour ton auto-apaisement. Scanne ce QR code pour accéder à l'audio :

Lettre à mon Cerveau

« La tête juge, c'est pourquoi, elle ne peut pas aimer. Le Cœur aime, c'est pourquoi il ne peut pas juger »
~Placide Gaboury~

Cher Cerveau,

Bébé, tu fais des crises convulsives. Peut-être as-tu été blessé pendant ces moments-là. Je dois prendre un traitement de Gardénal, à vie. Heureusement, à quatorze ans, je décide que je ne te donnerai plus ce médicament ! je voulais que tu sois comme tu étais à ma naissance, sans aucun défaut.

J'ai appris avec mes études que les cellules se renouvellent et que le cerveau du bébé, de l'enfant ou de l'adolescent n'est plus le même. Celui du jeune adulte comme celui de maintenant non plus. D'ailleurs, Cerveau, tu évolues à chaque instant. Tu contiens des milliards de neurones.

Je découvre aussi que les habitudes créent des routes neuronales et font le lit de certains de mes comportements que j'ai du mal à transformer.

En même temps, j'apprends qu'il est inutile de lutter contre ces routes déjà tracées. Il est préférable que je choisisse un nouveau chemin sur lequel avancer. Au fur et à mesure de mes pas, il se dessinera.

Nul besoin de chercher à effacer les traces de pas sur le chemin parcouru, tout comme le bitume encore tiède garde les empreintes.

Alors Cher Cerveau, je te propose aujourd'hui de te donner de nouvelles directions, de nouvelles commandes à exécuter. Il est vrai que jusque-là, j'ai rencontré des difficultés à te donner des ordres clairs. J'oscillais souvent entre deux choix. J'étais dans le doute ou dans la confusion et tu en as été perturbé.

Aujourd'hui, un voile s'est levé, je retrouve la clarté du chemin à prendre. Tu excelles dans l'exécution matérielle de mes pensées, qu'elles soient au service de l'amour et de mon plus grand bien ou de mon plus grand malheur. Tu n'as pas ce discernement et ce n'est pas ton rôle. Je suis la seule responsable de ce que tu manifestes dans ma vie.

Tout a commencé par un manque de clarté, un manque de connaissance, un manque de sagesse. Mon vécu et mes expériences m'ont apporté et m'apportent encore une évolution de conscience et de la maturité comme pour un bon vin.

J'ai rencontré des êtres plus jeunes ou de ton âge, très brillants. Je t'ai utilisé pour les envier, pour me comparer. J'utilisais ta capacité de comparaison pour me rabaisser. Ce n'était pas le bon chemin ! Dans une comparaison, Cerveau, tu seras toujours le perdant, même si tu te crois plus fort ou plus intelligent.

Je ne vais pas t'inonder de conseils ou de critiques. Je vais juste te redonner quelques nouvelles instructions claires. J'ai confiance en toi, tu as toutes les capacités requises pour les réaliser et les manifester. Je te remercie infiniment de leur bonne exécution.

Désormais, Cerveau, voici comment **je veux** que tu te reprogrammes !

Je te remercie d'avance. Sois confiant ! Tu es très précieux et je t'aime tel que tu es.

Voilà ma déclaration à l'Univers de JE SUIS :

- Je suis créative, visionnaire, intuitive
- Je suis organisée, en focus sur l'essentiel
- Je suis inspirée et inspirante
- Je suis sage, perspicace, affirmée et diplomate
- Je suis pédagogue et patiente
- Je suis prospère, abondante et généreuse
- Je suis chaleureuse et compréhensive
- Je suis aventurière, voyageuse et randonneuse

Dialoguer avec son Corps…

*Si tu veux, interroge ton Corps et ton Cœur.
Ils savent répondre et vont t'inspirer !
Ton corps, ton Cœur peuvent tout entendre sans jugement.*

....

....

....

....

....

....

....

....

....

*« Mon Âme est un espace sacré par lequel
Je crée l'abondance,
Mes pensées ou idées ne sont restreintes
Ni par le temps ni par l'espace ».*
~Toni Carmine Salerno~

3e pause : Expérience-découverte Reconnexion au Corps Apaisé
Mets un masque de repos ou un foulard sur tes yeux pour être vraiment dans le noir. Cela favorise ta détente et ton attention à tes sensations corporelles. Découvre maintenant tes mains seulement par le toucher. Accorde-toi ces deux minutes de temps sacré pour ton auto-apaisement. Scanne ce QR code pour accéder à l'audio :

Le Labyrinthe de l'Amour

Chapitre 3 – Frustration et Lâcher-prise

Mes réflexions intérieures continuent. Comment : mieux me comprendre, m'accepter telle que je suis au présent et en transformation. Mieux aimer, m'aimer et être aimée.

Le besoin d'amour et de reconnaissance sont deux besoins innés et universels, encodés dans notre ADN. Nous portons cette **quête inextinguible** et peut-être même « une frustration » sous-jacente inapaisable.

Cette **quête d'amour et de bonheur,** nourrie par le non-amour de soi conscient ou inconscient, incite à la victimisation, la manipulation et la recherche incessante d'une reconnaissance extérieure. Cela donne les pires actes de guerre envers soi, envers l'autre, dont l'origine découle de la haine de soi projetée sur l'autre.

A l'inverse, **cette même quête** nourrie par l'amour de soi engendre de grandes et belles avancées humaines. Cela participe au changement et mûrissement de l'Etre.

> **C'est de la friction de l'huître avec le sable**
> **Que naît une perle.**

Avons-nous reçu bienveillance, tendresse, douceur, reconnaissance et encouragement inconditionnels depuis notre enfance ?

Si la réponse est OUI, c'est que nous avons bénéficié d'un terreau favorable pour aimer et être aimé.

Si la réponse est NON, ces manques se sont logés dans notre corps aux endroits les plus vulnérables de notre système.

Une fois adulte, cette quête d'amour nous pousse à **nous adapter et à essayer de digérer ce qui est**, même si c'est en désaccord avec notre nature profonde. Ce **OUI à tout**, peut aboutir à une sur-adaptation.

Se sur-adapter sans être totalement en accord avec nous-mêmes impacte notre Corps, notre Cœur et notre Cerveau. Pour éviter toute souffrance et justifier notre adaptation, notre cerveau met en place un système de pensées pour **créer une barrière de protection**. Sous son impulsion, **nos cellules se contractent, s'agglutinent et vont jusqu'à se tétaniser, voire se « glacer »**.

La Vie qui est mouvement se fige. Nous vivons alors dans un carcan de surcharge mentale, émotionnelle et physique. Un circuit s'imprime alors dans notre cerveau, comme un chemin qui se fait en forêt à force d'être piétiné par des milliers de promeneurs. Nul besoin d'essayer d'effacer ce chemin, il est fait. Cependant, il est possible d'en créer un nouveau, d'ouvrir une nouvelle voie pour obtenir des résultats parfois inattendus.

Nos sens reliés à notre cerveau **captent les informations** de notre environnement. **Notre corps et notre cœur sont les réceptacles de tout notre vécu** heureux ou malheureux depuis le ventre de notre mère.

En écoutant les messages de notre corps, nous pouvons retrouver le chemin d'une réconciliation et d'un apaisement de ces trois dimensions : Corps, Cœur, Cerveau.

« **Nos cellules se souviennent** »

Je vous partage un extrait du témoignage de Patricia, avec son autorisation. « *Infiniment merci Patricia d'avoir écrit votre retour d'expérience si détaillé et m'avoir permis de le publier* ».

« *Le 22 juillet 2023, j'ai contacté Micheline pour un problème cardiaque.*

Micheline commence toujours sa consultation par un entretien afin de connaître les raisons qui nous poussent à passer sa porte.

Je lui explique que début juillet, on m'a détecté une péricardite. Je lui indique que je suis très bien suivie par un cardiologue, que je suis « à la lettre » le protocole (traitement médicamenteux, échographies cardiaques, examens de sang, aucune activité physique et enfin repos obligatoire) mais au bout de deux semaines, aucune amélioration n'est constatée.

J'ai une bonne condition physique, une bonne hygiène de vie. Je sens en moi que cette péricardite qui interroge le corps médical m'envoie un signal. Ce liquide qui est venu se loger dans le péricarde n'est pas dû à un virus, c'est pourquoi il n'y a pas d'amélioration.

Ce liquide qui est venu se loger dans mon cœur, c'est ma tristesse qui ressort, ce sont les larmes de mon cœur. Il y a un an, ma petite-fille a eu une méningite. Après six mois d'hospitalisation, elle en est sortie avec un handicap mental très important. Sa maladie, je l'ai ressentie au plus profond de moi-même.

J'ai gardé toutes mes émotions au fond de moi, essayant de rester très positive sur l'évolution de sa maladie.

Je quitte Micheline en la remerciant, je ne me sens ni plus ni moins bien qu'en arrivant. En début de soirée vers 19h, je sens ma tristesse partir, comme si un léger voile noir s'envolait de mes épaules. D'un seul coup, je me sens plus légère. Je reconnais que c'est assez étrange mais je me sens mieux. Le lendemain matin, au réveil, je ressens une nouvelle énergie. J'arrive à nouveau à me projeter, à avoir envie de faire des choses.

Le vendredi suivant soit quatre jours après avoir vu Micheline, je retourne voir mon cardiologue. Comme chaque semaine, il me fait une échographie cardiaque pour suivre l'évolution.

Je guette sur son visage un signe qui m'indiquerait un mieux. Rien ! Je le vois très concentré.

Il retourne à son bureau, regarde mon dossier sur son bureau et s'exclame : « Ah ! quand même ». Il m'explique que ma péricardite est en train de régresser. Avant de se prononcer, il voulait vérifier les données de la semaine précédente. Il m'explique que le traitement commence à faire effet, que je vais pouvoir baisser la prise de médicaments et que je dois néanmoins continuer de faire attention.

Je ne dis rien, je sais que cette amélioration si rapide est due en grande partie à Micheline.

Micheline a donné à mon corps la possibilité de s'auto-guérir. À partir de là, j'ai su que j'étais sur le chemin de la guérison.

Aujourd'hui, je vais bien, j'ai retrouvé une énergie qui me permet d'avancer comme je le souhaite.
Merci Micheline. 🙏 »

Au-delà du soin apporté à son corps, son cœur m'a parlé et m'a touchée, m'inspirant l'image du perce-neige.

Vers la fin de la séance, je demande à Patricia comment elle se sent.

« Je ressens un grand vide, c'est la vie qui passe, je ne fais rien, je ne construis rien ».

J'entends intérieurement sa lassitude et son désespoir.

Une image me vient alors. Le perce-neige à la sortie de l'hiver, sans rien de visible la veille, un beau jour jaillit hors de terre dans sa plus grande beauté.

Je transmets à Patricia cette image et je lui explique : *« Votre corps a besoin de se reconstruire, de ce temps de repos, d'hibernation en quelque sorte ».*

« Dans quelques temps, vous serez étonnée de vous voir « fleurir » comme le perce-neige ».

Aujourd'hui, Patricia a trouvé ce qui anime son cœur. Elle intervient dans les écoles pour lire des livres de contes pour enfants. Ses yeux bleus pétillent de joie et d'amour.

Merci la Vie de si bien guider chaque être pour qu'il retrouve le chemin de l'amour de soi.

« **Lâchez prise !** »

Mais comment faire ? Cette recommandation est répétée à chaque atelier de développement personnel.

D'après mon expérience en écoute corporelle, en installant notre corps dans une détente naturelle, en mettant notre cerveau conscient au repos, sans aucun effort ni volonté de notre part, **notre être profond s'ouvre et s'apprivoise**. Nous pouvons **lâcher ces nœuds** de **souffrances**, de **frustrations**, de **regards en arrière** qui bloquent notre avancée vers nos rêves d'enfant et ceux de notre âme.

Après une séance, Cécile, a écrit un poème qu'elle m'autorise à publier. « *Merci Cécile pour ta confiance* et *ton amitié* ».

Depuis quelques semaines, son corps est en douleur intolérable. Il est en demande de parole, il a besoin d'être entendu et de recevoir de l'amour. Elle est révoltée et en colère contre sa douleur, elle n'en peut plus d'avoir mal. Au cours de la séance, je reste pendant dix bonnes minutes les deux mains posées sur son crâne sans les bouger.

J'observe que **lorsqu'une douleur se manifeste, c'est qu'elle veut partir et qu'elle y est prête.** Enfant, quand nous jouons à cache-cache, nous ne voulons pas être découvert trop vite. Si cela dure trop longtemps, nous commençons à faire quelques tentatives de petites sorties pour être trouvé.

Je reste simplement présente. Je l'encourage et lui chuchote : *« Bouge ton bras jusqu'au point où tu commences à sentir la douleur. Observe, Ne force pas ! Remercie-la ! Fais confiance à ton corps. Il sait comment faire ! Observe comment ta douleur veut bien partir et regarde-la partir d'elle-même »* !

Aucune attente de sa part ni de la mienne. Juste contempler la Vie se dérouler. **Elle se fait confiance.** *« Mon bras est monté parce que j'ai laissé faire mon corps »*.

De retour chez elle, elle m'envoie ce poème :

Aujourd'hui j'ai pris soin de moi,
Coupe Energétique et Soin pour mon épaule,
J'écoute mon corps. Il sait !
Je l'écoute et j'aperçois les moments où tout s'apaise
Je ne lutte plus
Je me laisse traverser. Mon corps sait !
Je prends le chemin de l'écoute intérieure
Je me laisse traverser. Mon corps sait !
Mon corps aime et m'apprend à m'aimer un peu plus
Sans lutte. En douceur
Mon corps aime et m'apprends à m'aimer

Cet alignement **Corps, Cœur, Cerveau** nous permet à un moment inattendu de retrouver l'amour de soi.

La Simplicité qui mène à l'innocence du Cœur Originel, accouche le Divin en Soi. **Apprendre à faire confiance au corps qui sait avant notre conscient.**

Un des chemins que j'ai pris pour accomplir cette Simplicité, est **la voie de la Douceur**, tant pour moi-même que pour mes patients.

La douceur efface les cicatrices,
La douceur referme les blessures,
La douceur fait couler les larmes de guérison,
La douceur fait grandir l'amour pour soi.

La douceur fait reculer l'idéal du devoir,
La douceur désintègre la dureté,
L'obligation de guérir ou de se guérir.

La douceur demande à laisser émerger
Dans l'instant la guidance qui surgit et de la suivre.

Lorsque nous **OSONS** nous donner les moyens de **créer notre bonheur selon nos vraies valeurs**, alors la peur, la haine, la jalousie, la dépendance et les attentes se détachent de nous.

Ainsi, nous prenons aussi de la hauteur sur les jugements des autres sur nous et sur nos propres croyances et auto-jugements.

Nous redevenons des humains merveilleusement accomplis au service de la Paix, de l'Amour et de la Joie de Vivre avec gratitude.

> **4e pause : Expérience-découverte Réconciliation au Corps**
> Mets un masque de repos ou un foulard sur tes yeux pour être vraiment dans le noir. Cela favorise ta détente et ton attention à tes sensations corporelles. Découvre maintenant tes mains seulement par le toucher. Accorde-toi ces deux minutes de temps sacré pour ton auto-apaisement. Scanne ce QR code pour accéder à l'audio :
>
>

Vivre notre chemin de paix unique et individuel, à bien des égards, c'est apprendre à s'aimer et à être centré sur soi.

La personne qui ne fait que donner ne sait pas ou ne veut pas recevoir. **Elle peut alors se retrouver dans l'incapacité d'identifier et/ou d'exprimer ses propres besoins.**

Or, commencer à s'aimer c'est apprendre à répondre à ses besoins et à les satisfaire. Mais attention ! Répondre à ses besoins peut aussi passer par demander et accepter l'aide des autres.

C'est interagir avec les autres, oser demander et recevoir tout en étant détaché de la réponse.

C'est notre réelle liberté et notre vrai pouvoir, MAIS pas à exercer sur l'autre ! Seulement sur Nous-mêmes ! Personne ne peut nous frustrer sauf nous-mêmes.

Nous pouvons être contrarié et frustré à la suite d'un refus à notre demande. **C'est naturel et humain.** Toutefois, cela ne doit durer qu'un court laps de temps. **Le pas suivant est de sortir de la frustration ou de la colère.**

Il nous faut reprendre notre pouvoir sans nous juger d'avoir osé demander et surtout sans juger l'autre d'avoir refusé. De multiples nouveaux choix et solutions existent et sont à notre portée. **Nous sommes par nature des êtres résilients, créatifs et libres.**

Un jour, je cherchais comment expliquer à une patiente, Katia, qu'elle devait davantage penser à elle. Dans son travail comme dans sa vie, elle reniait ses propres besoins, pour toujours faire passer ceux des autres avant les siens, à s'oublier jusqu'à en être souffrante.

Cette image vient alors. « *Lorsque vous préparez un bon repas pour vos amis, collègues ou invités, vous servez naturellement vos invités avant vous et en même temps vous vous servez une part. Vous ne restez pas là à les regarder manger et rester le ventre vide.* »

Christophe, un ami avec qui je partageais cette image, me commente : « *Ton image est super, je vais te l'emprunter et si tu permets je rajouterai :*

« *Quel effet cela ferait-il sur vous, si tous vos invités mangeaient tout et ne vous laissaient plus rien ?*»

Et pourtant ! malgré toute ma théorie et mon vécu, je suis aussi tombée dans le piège de vouloir donner pour être aimée et ne jamais recevoir le jugement d'égoïsme ! **J'avais tout simplement étouffé mes besoins et parfois même certaines de mes valeurs.**

J'avais pris les masques de la gentille et de la serviable à tout prix, même si je suis réellement gentille et serviable. Ce qui n'allait pas, c'est que j'étais parfois gentille contre mon gré, contre mon cœur, alors que j'aurais dû m'affirmer en refusant.

Je voulais satisfaire l'autre, même si au fond de moi, j'étais contre ce qui m'était demandé. **L'injonction interne de me conformer** à ce que je croyais devoir être pour être acceptée **était bien plus forte que mon cœur.**

Peut-être qu'à l'époque je ne cherchais pas à me connaître en profondeur, ni à conscientiser mes besoins ?

En corollaire, je ne pouvais que me conformer aux jugements des autres sur moi. J'acceptais toutes les étiquettes que l'on me collait, **sans jamais les remettre en question**. Mes comportements le prouvaient aussi.

De plus, je n'étais même pas consciente que **je pouvais faire autrement parce que j'avais d'autres choix.**

Permettons à notre corps de se libérer du poids de ce qu'il a entendu et mal « digéré ». Ce point spécifique dans l'audio a été reçu en canalisation par une amie :

> **5ᵉ pause : Expérience-découverte Reconnexion au Corps**
> Mets un masque de repos ou un foulard sur tes yeux pour être vraiment dans le noir. Cela favorise ta détente et ton attention à tes sensations corporelles. Découvre maintenant tes mains seulement par le toucher. Accorde-toi ces deux minutes de temps sacré pour ton auto-apaisement. Scanne ce QR code pour accéder à l'audio :
>
>

Apprendre à vivre l'amour de soi ne me suffisait pas. Mon cœur n'était pas encore comblé. Il me tardait de découvrir et comprendre qui est Dieu.

Pour progresser vers un amour plus vaste, plus grand que moi, je devais explorer le Divin en moi, dont les différents courants de spiritualité parlent tellement.

Je me souvenais que, petite fille dans le jardin de ma nourrice, il m'était naturel de communiquer avec la Nature, les fées, les êtres invisibles à la plupart des yeux d'adultes. Puis, de retour dans ma famille, coupée de tout lien avec la Nature, tout a été oublié.

> **Le Divin en Soi,**
> **Où est-il ? Comment le trouver ?**
> **Comment entrer en contact avec lui ?**

Lettre à Dieu

« C'est en dedans qu'est la Source du Bien,
Elle peut jaillir sans cesse si tu fouilles toujours. »
~Marc Aurèle~

Cher Dieu,

J'ai reçu depuis quelque temps des messages très réconfortants. Malgré tout, je suis dans le doute. Ne suis-je pas en train d'imaginer ! D'entendre ce que j'ai envie d'entendre ? Je reste même un peu perplexe sur l'authenticité de ces messages. C'est tellement difficile de changer ses croyances !

Pourtant, depuis deux jours, je ressens un appel à t'écrire, Dieu, bien que je ne sache pas trop ce que j'ai envie de t'écrire, mais peut-être que c'est toi qui veux me parler.

Du plus loin que je me souvienne, il ne me semble pas avoir cherché à te connaître. Je t'ai plutôt ignoré et fui. Autour de moi, les gens qui invoquaient et parlaient en ton nom, ou utilisaient ton nom, me repoussaient plus qu'ils ne m'attiraient vers toi.

Au fait, qui t'a nommé Dieu, pourquoi ce mot Dieu et que veut-il dire ?

J'ai l'impression qu'on te colle toutes les qualités comme tous les défauts. Comment s'y retrouver ?

J'imagine que Dieu serait un mot que les hommes ont inventé pour regrouper toutes les qualités qui formeraient une image complète d'un puzzle. Que chacun doit découvrir et assembler pour être un humain accompli et illimité.

Tu dis toujours, ou peut-être n'est-ce pas toi, « que nous sommes faits à ton image » !

Mais quelle est ton image ? Qui a déjà vu ton image ? Ce puzzle, complexe avec ses pièces éparpillées, personne n'en détient l'image complète. Est-ce pour ça qu'il y a tant de guerres en ton nom et même en nous-mêmes ?

Souvent une question me revient : qui a créé les mots, quel est leur sens, leur origine ?

Et si le mot Dieu était plutôt un acronyme ?

D pour **Déclaration**

I pour **Illimitée**

E pour **Embrasser**

U pour **Unité**

« Déclaration Illimitée d'Embrasser l'Unité » Cela pourrait-il correspondre à la mission de chacun, de devenir Dieu en vivant une Déclaration Illimitée d'Embrasser l'Unité ?

Tu sais, je suis plutôt incrédule vis-à-vis de tout ce qui est religion. Alors, je ne sais pas d'où m'est venue cette pensée de puzzle et d'acronyme mais je me sens en affinité avec cela.

Qu'en penses-tu ? Cela m'interpelle. Ce serait quoi « Déclaration » « Illimitée » « Embrasser » « Unité ».

Comme je souhaite être claire envers moi-même, je te donne la compréhension que j'en ai :

Déclaration, c'est à moi-même que j'ai envie de déclarer quelque chose qui m'anime, qui me correspond, qui me rend joyeuse et qui me donne cette énergie de me mettre en mouvement, en action, en vie !

Illimitée, ma déclaration illimitée, je ne me mets aucune pression puisque c'est illimité dans le temps, dans l'espace et dans mon imagination qui peut évoluer jour après jour.

Embrasser, est pour moi l'image de la tendresse, de l'amour qui « se donne sans étouffer » qui réconcilie, réconforte, apaise…

Unité, il y a tant de concepts que l'on peut opposer les uns aux autres, alors que rechercher l'unité c'est rechercher au-delà des oppositions et des différences.

J'aimerais bien que tu me parles en direct et non plus par intermédiaire. Que tu sois clair avec moi pour pouvoir te connaître si tu existes, bien sûr !

Depuis ma jeunesse, une image me revient souvent : c'est celle d'un triangle. Lorsque tu es à la base du triangle, dans un des angles ou même au milieu, tu ne peux regarder que d'un point de vue, à droite, à gauche, devant, derrière.

Lorsque tu es au sommet du triangle, le point culminant, tu as une vue globale et il n'y a plus d'opposition, tout est réuni en un point. C'est cela l'Unité, ni bien, ni mal, ni pile ni face, juste une unité des deux faces.

Une pièce de monnaie ne serait pas une pièce sans un côté pile et un côté face. Le jour ne serait pas le jour sans le soleil et la nuit sans la lune. Alors pourquoi met-on toujours en opposition les choses, entraînant guerres et conflits en nous-mêmes d'abord, et ensuite avec les autres ?

Suis-je en train de m'éloigner du sujet ? Qu'importe, tu me poses beaucoup d'interrogations avec des réponses complexes ou peut-être est-ce moi qui complique les choses ?

Quoi qu'il en soit, Dieu, comment te connaître et t'entendre ? Je n'ai aucune religion mais mon désir le plus profond est de vivre le divin en moi. Je tâtonne pendant que ma vie prend une autre tournure. Mes pensées ainsi que mes émotions prennent une nouvelle direction.

Comme certains, je t'identifie à une personne qui dirige, guide, punit, récompense… Est-ce la réalité ? La vérité ? Une absurdité ? Au fond, toute interprétation est possible !

Je ne sais pas, si ce que j'écris est très clair. Le postulat que tu sois **un « immense puzzle », dont personne n'en possède l'image complète** me parle bien.

Si je veux acheter un puzzle avec mille ou cinq mille pièces, il y a l'image finale pour me guider. Mais avec toi, ce n'est pas le cas. Je n'ai aucune image à laquelle me référer. En plus, j'ai l'impression que chaque morceau est déjà lui-même une image complète. Bon, j'ai l'impression de me répéter.

T'écrire est plus source de questions que de réponses. Cela fait-il partie de ton talent de donner à réfléchir, pour que chacun cherche par lui-même et en lui-même qui Il est, qui Tu es ? Qu'il puisse avoir une relation directe avec Toi dans la simplicité, la pureté et l'innocence de l'enfance ?

Merci Dieu, je ne suis pas plus éclairée, mais j'ai déposé ce qui me tracasse à ton sujet.

Quand un enfant pose une question ou dit ce qu'il voit, il n'y met aucune morale ou jugement. Il demande juste : Pourquoi ? Comment ? Qui ? Quoi ?

Et il attend une réponse, avec la certitude qu'il en recevra une. Sinon, comme le Petit Prince, il va insister jusqu'à ce qu'il reçoive sa réponse. Mais il peut aussi se faire rabrouer et alors être frustré d'être resté sans réponse.

Je constate que ma spiritualité n'est ni l'amour inconditionnel, ni même la compassion. C'est plus précisément un amour humain.

Un simple amour pour la Vie ! Que cet amour devienne de plus en plus vaste, et se diffuse dans toutes les directions et dimensions de la Vie.

> **Que cet amour puisse évoluer vers l'Infini jusqu'à toucher l'Etre Originel en Soi Et l'Etre Originel en l'Autre.**

Pour dessiner un cercle, la pointe du compas se place au centre. Pour accroître l'Amour, j'en ai déduit qu'il doit toujours partir du centre de soi pour rayonner et s'intensifier. Ni religion, ni tradition, ni étiquette, uniquement une simple recherche d'Union et d'Unité en Soi, en communion avec la Vie et l'Amour.

> La Vie devrait être honorée pour le miracle qu'Elle Est.

Miracle de chaque parcelle de la Nature, des mondes minéral, végétal, animal, humain.

Miracle du corps humain pour tout ce qu'il permet de vivre.

Miracle de l'esprit pour toutes les merveilleuses choses qu'il est capable d'imaginer, de construire, que cela serve le pire ou le meilleur.

Miracle du cœur, qui bat 24h/24h, un cœur qui peut haïr à l'infini par peur ou **aimer à l'infini. Aimer est sa véritable nature**.

> Alors, OUI, autorisons-nous à créer du bonheur pour soi
> Et pour les autres, pour honorer la Vie reçue.

PARTIE DEUX

Ledigos del Camino Francés de Santiago de Compostela

Fisterra del Fin
Del Camino Francés de Santiago de Compostela

Chapitre 4 – Oser l'Inconnu

En 2019, j'entame la première grande étape de respect pour moi : la décision irrévocable de faire un bout du Chemin de Compostelle.

Même avec la peur au ventre, la culpabilité, le doute, je savais que je devais partir.

Je n'ai pourtant jamais voyagé et encore moins randonné seule. Mes proches continuent de nourrir ma peur de l'inconnu et d'une éventuelle vulnérabilité physique. J'écoute néanmoins quelques conseils sensés de ne pas le faire seule pour une première fois, mais plutôt de marcher avec d'autres pèlerins.

Sur le Chemin, je me libère de plus en plus, et je rencontre de nouvelles aides de destinée, aujourd'hui amies de cœur.

Le 31 décembre 2021, je fais le choix pour la première fois de ma vie, de participer à un réveillon où je ne connais personne. Je n'ai même pas mon billet de retour de Toulon. Je fais confiance pour une autre première fois : prendre BlaBlaCar pour mon retour à Paris, le 1er janvier. Une très belle expérience ! Je suis très reconnaissante à ce jeune conducteur Michaël, pompier de son métier.

Attentionné pour ses passagers, il avait une conduite très sécure, malgré la fatigue de la nuit blanche.

Au cours de ce réveillon inédit, organisé par Maritzabel et Olivier, soixante personnes sont réunies, couples et célibataires venus de Belgique, la Réunion, la Suisse et la France du Nord au Sud et d'Ouest en Est.

Au cours de l'atelier de l'après-midi, je reçois ce message inattendu :

« En 2022, le Divin te réserve et t'organise la rencontre avec ton âme-sœur, époux divin bien-aimé. Et tu ressentiras à ce moment-là, dans ton corps et dans ton cœur, une infinie gratitude et une grande humilité pour la grâce d'être comblée ainsi d'amour. (31 décembre 2021 à 17h17). J'avais oublié et rangé ce cahier dans un tiroir jusqu'au réveillon de 2022.

En mars 2022, j'ose m'inscrire à un séminaire de marche sur le feu. Heureusement, je suis très bien entourée. Je reçois beaucoup d'encouragements et de soutien de mes nouvelles relations que je surnomme, avec gratitude, mes aides de destinée.

Pour mes relations anciennes, je passe pour folle ou inconsciente. Désormais, je suis assez forte et confiante pour passer outre leurs opinions.

D'autres précieuses aides de destinée arrivent, dont Gérald. Je raconte notre rencontre dans mon parcours de gratitude.

Reçu un matin de plein soleil d'août 2022

« L'Homme dans sa pleine divinité est Yang Extérieur qui concrétise, manifeste et porte son Yin Intérieur qui reçoit et connecte à la Source.

La Femme dans sa pleine maturité féminine est le Yin Extérieur qui accueille, reçoit et nourrit l'Humain, le Divin en son Sein, et porte en elle son Yang Intérieur qui propose et impulse.

Lune et Soleil, en reliance à la Source Vive, par la communion sacrée Terre-Ciel, célèbrent la Vie et la Nature sous toutes ses formes.

Laisse l'Homme te découvrir, Il porte en lui l'image parfaite depuis toujours de Qui Tu Es, absolument adaptée à Lui.

De votre Union, le Masculin et le Féminin en chacun va s'épanouir, pour resplendir cet amour.

De chaque Femme est né chaque Homme et de ce passage-souvenir, l'homme recherchera son Féminin en lui d'abord. Son Féminin une fois intégré en lui, il partira à la recherche de sa Féminine dont il porte la marque indélébile, inscrite dans ses cellules. Nul besoin d'être en rivalité entre femmes, au contraire cultiver la Sororité.

La Femme, une fois son Masculin intégré en elle, pourra dès lors reconnaître l'Homme qui l'attend ».

Un autre jour d'août 2022, en vacances chez une amie, en pleine rêverie, soudain une vision, un **NOM** vient à ma conscience. Vingt-cinq années se sont passées et la Vie va nous remettre en lien.

J'avais demandé à une amie de passer quinze jours chez elle pour être en retraite méditative et écrire un livre au calme. Un livre qui présenterait une méthode d'apprentissage de points émotionnels d'automassage pour aider à la libération du corps, du cœur et du cerveau. Ces points ont été reçus en canalisation par une amie et moi-même.

Sa maison était en vente. Un soir, elle me donne un oracle : les « *Cartes Médecines* ». Je ne connais pas. Je fais des tirages pour m'amuser et me détendre car l'inspiration pour écrire ne vient pas.

Puis, son nom remonte de ma mémoire, celui d'un étudiant en ostéopathie. Nous étions très souvent en binôme de pratique. Je n'ai plus son adresse, il n'a pas mon nom. J'ai divorcé et j'ai repris mon prénom français pour la commodité de mon travail. Il connaît mon nom de femme mariée et mon prénom vietnamien Minh-Tâm (Cœur Eclairé).

En cherchant sur internet, je découvre son site. Je me hasarde à lui envoyer un SMS à 23h00, heureuse de trouver ses coordonnées. Le lendemain matin, un papillon se pose pour la première fois sur mon épaule pendant que nous parlions au téléphone.

Sans trop savoir pourquoi, je me sens toute bizarre. Le soir même, nous nous retrouvons pour assister au spectacle d'une amie dans le théâtre de verdure de la forêt de Huelgoat.

Toute la soirée, je reste sous le choc de le retrouver. Et là, je ressens que mon cœur et mon corps vibrent, sans pouvoir l'expliquer.

Vingt-cinq années se sont écoulées sans aucun contact. Et, comme par hasard, ce week-end-là, il a justement choisi de faire sa pause Nature dans le Finistère, à quelques kilomètres de la maison de mon amie.

Par quelle magie de la Vie, avons-nous pu nous retrouver ? Plus tard, je découvre que le corps sait avant notre mental, notre conscient. J'en suis émerveillée !

La Vie sait bien avant nous, ce dont nous avons besoin.

De retour chacun dans nos vies, je reçois ce SMS :

« Tu peux laisser l'univers intérieur faire son Œuvre. Cela est exceptionnel, et ce paradoxe du détachement Vital...

Nos retrouvailles intérieures nous attendent.

SoY, au-delà de la dualité. »

Le *« paradoxe du détachement Vital »* m'a beaucoup fait réfléchir.

Que voulait-il me dire ? J'ai mis un certain temps à le comprendre.

Je laisse l'inspiration venir pour écrire un autre poème.
Ce canal de communication continue de s'ouvrir :

*J'ai marché mon chemin,
Tu as marché ton chemin,
Et l'Univers nous a réunis.*

*Nos corps savaient et se sont appelés,
Nos Âmes se souvenaient
Et ont lancé l'appel à notre conscience
Pour que la réunion se fasse.*

*En nous retournant sur le chemin parcouru,
Nous pouvons apercevoir
Tous ces petits cailloux blancs parsemés
Sur le chemin par nos Guides,
Afin que nous puissions nous retrouver
À ce carrefour de vie si beau à construire.*

*Redevenons juste une Flamme divine
née de la Source,
Lâchant nos noms, nos personnalités terrestres.*

*Et toi, mon Amour Infini, tu as déjà parcouru la Terre,
Et m'emmènes sur le chemin de la découverte du monde
Pour continuer à lire le Livre de la Nature et de la Vie.*

Je me découvre aimée d'un amour totalement inconnu et je deviens maladroite. **Lorsque je m'exprime, parfois avec brusquerie, c'est avec la peur de ne pas être comprise,** ou reçue avec ce qui s'anime au fond de moi.

Comment écrire ou lire des poèmes qui mettent en mots mes impressions, mes sentiments et sensations ? Une carte oracle a exprimé ce qui était au fond de moi.

Merci à la magie de l'écriture et de la lecture. Merci mes yeux, mes mains, mon cerveau, en fait tout mon corps pour sa capacité de lecture et d'écriture.

« Dans un monde sans coïncidences et sans erreurs,
Tu m'es envoyé du Ciel.

Je remercie Dieu
Pour ta douce présence dans ma vie
Pour la grâce de goûter
Ta gentillesse, ta générosité
Et surtout pour notre Amour.

J'ai attendu si longtemps...
Pour ouvrir mon cœur, mettre à nu mon âme
Pour laisser ma force réconforter et mes bras enlacer
Pour offrir ma sagesse
Pour que l'amour en moi s'éveille
Bien que ce ne soit que le commencement.
Tout est là. »

~Alana Fairchild et Richard Cohn~

La Vie sait avant nous...

L'as-tu déjà vécu ? Est-ce que cela t'évoque quelque souvenir ?

....

....

....

....

....

....

....

....

....

Chapitre 5 – Réveil de turbulences

Chaque union intime réveille naturellement et inévitablement nos blessures cachées et non guéries. Dès l'instant où l'amour reste un témoin respectueux par une présence sincère, un regard, un silence ou une parole, un apaisement s'opère. C'est un accompagnement sans prendre en charge ce qui se vit en l'Autre.

« Je suis avec toi. Traverse ce passage avec douceur. Tu as tout en toi pour guérir cette blessure. Tu vas ressortir avec plus de force, de conscience. Persévère à retrouver ton diamant intérieur, te réconcilier avec ton Soi Divin. »

Oser révéler ses peurs conscientes à l'autre nous demande beaucoup de courage et d'amour pour soi. Et beaucoup de confiance en l'amour de l'autre pour soi.

Parfois, l'amour reçu touche si intensément notre vulnérabilité que notre **Cœur évite ou renonce à l'Amour**. Il reste dans sa zone de confort pour fuir le risque d'être blessé à nouveau. Il peut aussi craindre d'être heureux dans un état inconnu, inhabituel, déroutant pour lui, notre cher Cœur effrayé.

Comment se sentir libre dans sa tête, libre dans son cœur, pour aimer sans se sentir ni enfermé ni en danger ?

Tu es ma vulnérabilité,
Je suis ta vulnérabilité,
Transformons-la en force d'amour infini pour le monde.

Notre couple ne sera jamais un couple conventionnel.
Un couple conventionnel ignore le Divin en chacun.

Une Union sacrée et incarnée ouvre vers l'infini,
Et peut inspirer le Monde
A croire à l'Amour,
Et Réconcilier le Divin en Soi et en l'Autre.

Il me semble qu'une **source de souffrance** dans le couple est le **manque de communication**, par **manque de connaissance de soi d'abord, puis de l'autre**.

Ce passage de conscience réveille l'épisode de mon divorce avec le père de mes enfants après quatorze années de vie commune.

Nous vivions en totale harmonie sans jamais nous disputer. Nous étions commerçants et chacun respectait son rôle bien défini.

Je me croyais heureuse. Je l'étais humainement et le père de mes enfants l'était aussi.

L'âme est parfois plus forte qu'une vie de couple classique. Toutefois, ne pas se connaître, ne pas savoir s'exprimer a créé une grande souffrance pour chacun.

Nous aurions divorcé tôt ou tard, car notre évolution ne suivait pas le même chemin, mais certainement pas de la façon dont cela s'est passé.

Je ne voulais pas de la vie tranquille « étriquée » à mon sens, que nous menions. Tout ce « mal-être » gagnait de l'ampleur à l'insu de ma conscience. Je ne savais même pas déchiffrer ce qui se passait en moi.

Un jour, j'ai décidé de divorcer sans pouvoir expliquer pourquoi. Je lui ai juste dit que je ne l'aimais plus.

Ce qui était un mensonge tant à moi-même qu'au père de nos enfants, puisqu'aujourd'hui encore, l'amour reste présent, non plus en tant que couple mais en tant qu'êtres individuels.

Ce fut un divorce sans mot, sans lutte, juste ma fuite du jour au lendemain du foyer conjugal avec mon fils.

A mes six ans, j'ai été « arrachée » à ma nourrice française pour vivre avec ma famille vietnamienne. Je n'avais jamais parlé vietnamien, ni même mangé asiatique.

J'ai reproduit à l'identique pour mon fils : un déracinement brutal. Il ne parlait que vietnamien. Mon fils et moi avons d'abord été hébergés chez un couple d'amis français.

Je n'ai pas du tout été la mère qui était au fond de mon cœur, celle que je voulais être et que je suis réellement. Tout simplement parce que je ne me connaissais pas. Je n'allais pas en profondeur de moi, sonder mon cœur, m'autoriser à aimer sans chercher à me conformer à de fausses croyances.

Je regrette d'avoir fait vivre cela à mon fils. Cela laisse des traces qui impactent la vie et les choix d'adultes même si nous n'en sommes pas conscients au départ.

Pourtant, je voulais le meilleur pour mon fils. Avec son père, nous avons mis trois ans avant que je puisse être enceinte à nouveau après son frère aîné.

A sa naissance, j'étais tellement angoissée que c'est son père qui lui a donné son premier bain.

J'étais heureuse de l'allaiter et qu'il s'endorme sur mon ventre. Mais la vie de commerçant est exigeante et je n'ai pu l'allaiter que quinze jours.

Pendant le service, je le faisais dormir sur la banquette du restaurant. Un samedi soir, le serveur m'a appelée pour me dire que mon fils était en train de pleurer.

De plus, à cette époque, les clients fumaient dans la salle. C'est peut-être là l'origine de l'asthme de mon fils.

Pourquoi est-ce que le fondement d'un corps bien portant n'est-il pas enseigné dès l'enfance ? Adultes, nous serions ainsi plus équilibrés en santé et en vitalité.

Vers ses trois ans, quand il a commencé à aller à l'école maternelle, j'étais de plus en plus consciente que je ne voulais pas d'une vie de commerçante pour l'enfance de nos enfants : les jours fériés, les week-ends et les soirées sans vie de famille.

Je voulais redevenir salariée avec des horaires normaux. Pour le père de nos enfants, il était important de gagner beaucoup d'argent pour assurer l'avenir des enfants et des parents vieillissants.

Il s'était assigné le devoir de travailler dur pour assurer l'avenir. Pour lui, seul le commerce pouvait nous apporter ce niveau de finances.

Je n'avais aucune conscience de ses objectifs profonds. Nous n'avions jamais évoqué ni partagé nos vœux, nos rêves, nos objectifs respectifs ou communs.

Le père de mes enfants, un homme d'une grande générosité et grandeur d'âme a respecté mes choix sans aucun reproche. Cependant, ce fut une grande souffrance pour lui. Heureusement, la Vie bienveillante a mis sur sa route une femme extraordinaire de beauté extérieure et intérieure d'amour pour qu'ils vivent un véritable bonheur.

> **En même temps, j'accepte que ma conscience fût cela. Il est important d'être en paix avec ce qui a été.**

Pour ma part, j'ai mis très longtemps à sortir de cette culpabilité. Avec en plus une charge financière de vingt années de remboursement de dettes aux impôts. La vie m'a néanmoins aidée car j'ai reçu l'exonération des pénalités de retard. Peut-être ai-je bénéficié de la compassion d'un être sur ma route, pour une mère qui élevait seule son enfant.

Aujourd'hui, je prends conscience que **chaque être a ses propres besoins, ses vulnérabilités, ses zones sensibles conscientes ou non, parfois en simultané avec l'autre, parfois en décalé.**

« Zone sensible consciente ou non » me rappelle une séance avec Natalia. Je me laisse guider par la demande de l'instant de son corps.

Soudain, elle s'exclame : *« Oh ! c'est sensible, ça fait mal ! Je ne savais pas que j'avais mal là »* ! Je lui réponds : *« Vous voyez, votre corps sait très bien me guider, remerciez-le, il sait exactement ce qu'il a à faire »*.

Je continue à explorer mon passé pour mieux me connaître et connaître l'autre dans ses vulnérabilités et ses forces.

Certains interprétaient mon envie de partage comme un besoin de recevoir de l'amour.

Cela pouvait être vrai dans certains cas. La plupart du temps c'est mon naturel qui s'exprimait.

Une compréhension intuitive du besoin de l'autre m'incitait à vouloir créer du bonheur en tout temps, en tout lieu. Parfois très maladroitement et j'ai effrayé l'autre. D'autres fois, cela est tombé pile et la personne a été touchée en profondeur.

A un moment de ma vie, j'ai fusionné trop vite avec un homme. Il avait quarante-deux ans et trois enfants adorables. Or, avant même de construire quoi que ce soit, il a préféré quitter la relation et m'a dit : *"Tu me perçois trop, tu es la première à m'avoir fait pleurer, exprimer mes émotions. J'ai lâché mon contrôle sans le vouloir, si je continue avec toi, je vais mourir"* !

Comment interpréter ses paroles ?! J'étais désarçonnée. Ne me connaissant pas suffisamment, je me suis alors raccrochée aux jugements portés sur moi.

« Je le comprends. Lui, il a perçu qui tu es. Il est parti pour sauver sa peau. Les personnes extérieures ne connaissent pas ton vrai visage. Dès qu'un homme te connaîtra mieux, il s'enfuira ou il te laissera, une fois qu'il aura bien pris ta jeunesse, car tu es jolie. Il a été intelligent. Si tu veux être aimée, ouvre d'abord ton cœur. Ce n'est pas la beauté qu'un homme regarde, c'est la beauté intérieure ».

Est-ce que ces paroles favorisent le pardon ou l'amour de soi, même parties d'une bonne intention ?

Comment les paroles peuvent blesser, réparer, apaiser !

Aujourd'hui je comprends différemment.

C'était un homme d'une sensibilité extrême qui s'était construit une force "fragile" pour protéger son cœur. Je venais avec mon idéal de créer du bonheur, sans diplomatie, ni délicatesse envers ses zones sensibles à apprivoiser. De plus, je n'étais pas encore consciente de ma faculté à ressentir l'autre et à créer du lien.

Comment aurais-je pu être délicate dans mon approche ? Prendre le temps d'apprivoiser sa sensibilité, sa vulnérabilité ?

Autant dans mes interactions avec ceux qui me sont moins proches, tout était fluide, léger, et harmonieux, autant dans mes relations les plus intimes, tout pouvait être confus, chaotique, incompréhensible.

Qui étais-je donc ?

Celle qui est dans l'harmonie et la fluidité avec « les étrangers ?» Comme disait ma tante. Pour elle, il y avait d'un côté la famille et de l'autre les étrangers !

Etais-je celle qui était confuse, indifférente aux autres, sans cœur, insensible et sans pitié ?

Mes agissements, validaient-ils à ce point leurs jugements ? Il y avait probablement une part de vérité dans leurs jugements.

> **Lutter contre la haine de soi ne peut jamais apporter la paix, ni semer les graines d'amour de soi.**

Ainsi, je me retrouvais émotionnellement à terre, complètement déboussolée. J'étais tellement perdue sur la vérité de **Qui suis-je ?!**

Connaître ses propres zones sensibles, connaître ses besoins, son mode de fonctionnement, c'est comme apprendre à connaître les règles d'un jeu pour mieux jouer et s'amuser. Comment bien jouer et prendre plaisir à un jeu, si je n'en connais pas les règles ?

« *Je respecte totalement qui tu es* ». Mais est-ce la réalité vécue par moi comme par l'autre ?

Comment puis-je respecter l'autre, et lui se sentir vraiment respecté si je ne connais pas son fonctionnement, ses forces et ses vulnérabilités ? Si je ne connais pas moi-même mes propres forces et vulnérabilités.

Dans un premier temps, se mettre « dans sa propre peau », se comprendre, s'accepter « ombre et lumière », s'aimer.

Puis dans un deuxième temps, se mettre « dans la peau de l'autre » le comprendre, l'accepter, l'aimer.

Cultiver la confiance pour que l'autre ose partager son authenticité. **Apprendre à reconnaître ses zones sensibles**, ses besoins, son mode de fonctionnement avec douceur et délicatesse.

De cette façon, celui qui **OSERA se dévoiler, PERMETTRA à l'autre** de le/la respecter totalement, justement parce que l'amour ou l'amitié sincères circulent déjà entre eux.

Se connaître, pour **OSER se raconter** à l'autre permet de se respecter pleinement et de recevoir amour ou amitié.

Il y aura toujours dans des silences, des non-dits ou des « non-conscience », le risque inévitable de blesser l'autre involontairement.

« **OSER SE DIRE** » offre ce profond respect de qui nous sommes. Ainsi, nous témoignons à l'autre notre confiance en son amour, en son amitié.

Nous n'avons ni à nous changer pour l'autre ni à changer l'autre pour nous. Mais nous pouvons évoluer vers plus de compréhension mutuelle.

Faire le choix de vivre l'Amour permet essentiellement de ne pas blesser la vulnérabilité de l'autre et aussi de nous apaiser.

L'Amour peut ainsi mûrir et croître librement pour **se transformer en une puissante énergie guérissante pour l'un comme pour l'autre.**

Avec tout mon parcours chaotique vécu, c'est devenu mon vœu et ma vision d'une connexion humaine devenue divine.

6e pause : Expérience-découverte Reconnexion à Soi

Mets un masque de repos ou un foulard sur tes yeux pour être vraiment dans le noir. Cela favorise ta détente et ton attention à tes sensations corporelles. Découvre maintenant tes mains seulement par le toucher. Accorde-toi ces deux minutes de temps sacré pour ton auto-apaisement. Scanne ce QR code pour accéder à l'audio :

Chapitre 6 – Mon Chemin vers le Divin

*« Deux choses participent de la connaissance,
Le silence tranquille et l'intériorité »*
~Bouddha~

Dans la solitude avec la Nature, il nous arrive de ressentir spontanément le Divin en soi.

*« Si nous nous sentons
Tellement à l'aise dans la pleine Nature,
C'est qu'Elle n'a aucune opinion sur nous ».*
~Friedrich Nietzsche~

Atteindre le Divin devant la Beauté de la Nature peut être aisé et souvent spontané.

En pleine Nature, parfois la notion de temps s'estompe. Dans ces moments de connexion avec la Terre-Mère, le Père-Ciel, où sont passés nos préoccupations ?

Seul l'instant présent est réel, palpable dans chaque cellule de notre corps. La Vie nous traverse furtivement et en douceur. Cela a été ma **première voie**.

Atteindre le Divin par la Solitude et le Silence peut se révéler ardu et en même temps apaisant.

Cette **deuxième voie** est nécessaire et incontournable pour se reconnecter au Divin en soi. Mon expérience s'est faite par à-coups.

Atteindre le Divin dans une **Union avec un Autre** est certainement **la plus difficile et vertueuse des victoires et accomplissements intérieurs.**

Les personnalités, les peurs, les blessures profondes, les fragilités se dévoilent au grand jour. A la fois **défi et initiation** où nous apprenons à aimer l'Autre, en nous respectant nous-mêmes. **A nous laisser aimer tel que nous sommes tout en aimant et respectant l'Autre tel qu'il est.** Nous honorons ainsi le Divin en Soi et en l'Autre.

Rechercher et atteindre une félicité spirituelle inaltérable est sublime à vivre. Toutefois, nous sommes aussi homme ou femme incarnés et **toucher le Divin par l'Union** est à mon sens la **troisième voie** qui complète les deux autres.

> 1ère, 2e ou 3e voie, chacun peut la choisir
> Et la parcourir à son rythme,
> Dans les méandres du Labyrinthe de l'Amour.

Les jours se suivent et chaque jour est unique.
Écoutons le Silence car il est très bavard...

Le Silence révèle les doutes,
Le Silence réveille le manque de confiance en soi,
Le Silence exacerbe les peurs,
Le Silence met à nu les émotions enfouies ...

A l'improviste, l'acceptation de ce que dit le Silence,
arrive ...
Alors le Silence devient Clarté,
Un Silence qui éclaire,
Un Silence qui fait miroir,
Un Silence qui ouvre à la Vérité de l'Être,
Un Silence qui imprègne ...

Un Silence qui nourrit l'Âme et le Cœur apaisés,
Un Silence qui reconnecte au Divin, à la Source.

Merci le Silence,
Révélateur de la Source Originelle du Soi.

Le Silence ouvre la Voie vers Soi...

Chapitre 7 – Reconnaître et Accepter le Divin

Deux créatures étranges venues d'ailleurs,
Cherchent à s'apprivoiser.
Chacune a son propre fil d'Ariane
Du Labyrinthe de l'Amour.

Vont-Elles accepter le cadeau divin,
De partager son propre Fil à l'Autre ?
Au-delà de cet Amour inépuisable de la Source
Qui circule déjà entre Elles.

Elles ont besoin de ressentir au plus profond d'elles,
Qu'elles sont vues, entendues, comprises, acceptées
Et respectées l'une par l'autre.

Ainsi, leur Cœur, leur Corps et leur Âme Une
Sont apaisés et comblés,
Individuellement et Ensemble.

Parfois la Vie nous donne la chance de côtoyer des êtres qui vivent et respirent leurs valeurs. Ils sont en cohérence et en union totale avec le Divin en eux.

C'est ainsi que je perçois et ressens l'Amour Infini de ma vie. Il est sans cesse en devenir et intensifie pour lui et pour le monde sa propre quête de « *Qui-suis-je ?* »

La seule recherche à son sens qui peut sincèrement apaiser et guérir tous nos conflits intérieurs et extérieurs.

La seule et véritable quête qui peut apporter de la paix en soi et dans le monde avec authenticité ; un respect pour la Nature, pour la Vie, pour tous les êtres du monde minéral, végétal, animal, humain.

Il vit dans une grande cohérence d'âme et de cœur, dans une unité entre sa façon de vivre, d'aimer, de travailler. Une Unité et un Ancrage tellement inspirants, force tranquille et douce, pénétrante.

De temps à autre, des tornades, des remous et des tempêtes, invisibles aux yeux du monde font la valeur de qui il est.

Je le perçois comme un Archer qui connaît et vise sa cible sans jamais dévier son bras, son regard, sa posture ancrée. Il fait **UN avec la flèche, l'arc et la cible**.

Il est le premier, il y a vingt-cinq ans, à avoir perçu avant même son émergence à ma propre conscience, la cible de mon cœur qui n'a jamais dévié malgré toute apparence.

« ... *Comme en chaque être, c'est un joyau en toi... je l'ai reconnu alors et le reconnais encore. Tu Es Cela, et tu en sais l'importance. C'est très précieux ... Tu sèmes cette graine inlassablement. Cela est très beau.* »

Cela m'a fait réaliser que j'ai au fond de moi une cible que je vise depuis toujours.

Cependant mon regard, ma main, mon corps, mon arc cherchent sans cesse à s'ajuster et bougent en permanence.

Mes tourmentes et mes chemins buissonniers font aussi la valeur de qui je suis aujourd'hui.

Certains me regardent et ne voient que mes mouvements et non ma cible devenue invisible à leurs yeux.

*Sonder notre vraie nature **puissante et lumineuse**,*
À l'unisson de notre nature
***Impuissante et obscure**,*
Est notre plus grande richesse.
La profondeur et la sincérité de notre quête,
Nul ne peut se les approprier.

Poème écrit après un soin reçu de l'Amour.

Mes pieds enracinés dans la Terre-Mère,
Mes mains élevées vers le Père-Ciel,
Mon esprit libéré
Des nuages blancs et gris,
Mon cœur rejoint l'immensité du Vide-plein.
De la Nature qui s'engouffre dans mon corps
Fondu dans l'Arc-en-Ciel,
La Vie-En-Soi circule désormais librement.

Ille et Vilaine Saint Thurial Bretagne

L'Amour poursuit sa trajectoire au fil du temps…

Dans le creux de tes bras,
Je deviens Onde d'Eternité,
Précieuse Offrande de ta puissante force tranquille.

Deux âmes individuelles se reconnaissent
En Une née de la Source.
L'Amour Infini qui circule se pose doucement
Dans leurs Cœurs en devenir.

Cet Arc-en-ciel Divin
Qui relie et réconcilie tous les Êtres,
Reconnaissant leur Essence Une-en-Soi.

C'est seulement en te retrouvant,
Que j'ai compris mon chemin parcouru
Et la véritable promesse de mon Âme.

C'est exceptionnel et Grâce infinie.

Merci … pour Qui Tu Es
Merci pour ton Amour.

Un texte inspirant sur le processus alchimique lu « par hasard » sur internet. Il arrivait au bon moment. Le plus étonnant, c'est que je n'ai jamais pu retrouver ce texte par la suite.

Ce texte répond à quelques questions que je me posais à ce moment-là. Je ne savais pas bien comment gérer les émotions de mon cœur, les messages du ciel, les remous de mon corps.

« Celui qui sait transmuter la matière en lumière à travers le corps est capable d'assimiler l'enseignement du ciel et la transformer en lumière visible.

Le corps va dans les deux sens, il est capable aussi de transformer le message céleste en idées compréhensibles.
Tu es dans le monde de l'expérience concrète et c'est à travers le corps que tu expérimentes.

Tu peux recevoir du ciel et offrir au monde, comme tu peux absorber le poids de la terre et l'offrir à la Lumière (l'Univers). Dans l'un tu transformes la Lumière (les messages célestes) en amour tangible. Dans l'autre tu corriges l'amour déformé et tu le transforme en Lumière.

A chaque fois que tu reçois un message du ciel, tu dois le traduire en langage compréhensible et l'offrir au monde.

A chaque fois que tu rencontres une souffrance tu dois l'accueillir, la recevoir dans ton corps, la transmuter et l'offrir à l'Univers.

Tu reçois de la Terre et tu donnes au Ciel, tu reçois du Ciel et tu donnes à la Terre.

Si tu reçois sans donner tu auras un trop plein et tu vivras sous tension. Si tu donnes sans recevoir tu seras vite vidé et tu perdras ton énergie et ta vitalité.

Lorsque tu garderas cet équilibre tu n'auras plus à chercher, ni à donner ni à recevoir. La synchronisation s'établira par elle-même, car tu seras dans le juste milieu ; dans la voie de l'Amour.

Dans la voie du milieu tout te sera donné, tu n'as pas à faire d'effort pour gagner ta vie ni pour avoir des relations.

Tu trouveras toujours ce qui te convient le mieux, juste au bon moment.

Garde cet équilibre en te concentrant sur ton corps et tu auras tous les trésors de l'univers à ta disposition, car ton mental sera relié à ton cœur et n'aura aucun problème de s'aligner à la volonté du ciel. Il sera le fabricant du trésor grâce à ton corps.

Le mental est le processeur et le corps est le transformateur.

Tu es le chef qui dirige cette opération, qui reçoit l'inspiration du ciel, il est ton cœur, lui donnant corps dans la matière »

~Yahanta, Esprit de l'Eau~

Chapitre 8 – Comment décrire une Union sacrée ?

*« La spiritualité demande
D'abord une culture du cœur,
Une immense force et une intrépidité sans faille. »*
~Gandhi~

Une Union sacrée si inattendue et exceptionnelle est difficile à imaginer. Et pourtant, elle est tellement réelle !

C'est très différent d'un amour humain déjà beau et extraordinaire à vivre !

A mon sens, une union sacrée, est vécue par deux êtres qui se reconnaissent déjà divins unis à la Source.

Ils peuvent être très différents puisque uniques et étrangement complémentaires. De plus, il en émane une symétrie dans leurs aspirations, leurs visions et leur mission de vie sur terre.

Au fur et à mesure du temps, ils se rejoignent dans l'unicité de leur complémentarité.

Ce sont aussi deux êtres qui donnent priorité au Divin en Eux plutôt qu'à leur personnalité terrestre. **Le Divin et le Terrestre peuvent parfois être en totale harmonie, alors que d'autres fois pas du tout !!!** Mais l'Amour divin entre eux gagne toujours.

C'est un processus qui éveille et réveille la gratitude et l'émerveillement d'un amour pleinement vécu et accompli pour soi comme pour l'autre.

Toutefois, ce n'est pas une mer sans vague, un ciel sans nuage. La Vie continue à nous traverser avec tous ses paysages plats, désertiques, abrupts, escarpés, verdoyants, luxuriants, mais néanmoins merveilleux.

Une longue période de maturation m'a permis de comprendre son message reçu à la suite de nos retrouvailles.

« *Tu peux laisser l'univers intérieur faire son Œuvre. Cela est exceptionnel et ce paradoxe du détachement Vital...Nos retrouvailles intérieures et « intérieuses » nous attendent. SoY, au-delà de la dualité...* »

Tu Es Toi dans ta Complétude à la Source,
Je suis Moi dans ma Complétude à la Source.

Et les Deux s'interchangent
Dans leur complémentarité,
Pour servir la Vie, individuellement et ensemble.

Notre amour doit veiller à protéger,
Amplifier ces énergies guérissantes et guérisseuses,
pour soi et pour le monde.

Tu as parcouru ton chemin en ligne droite,
J'ai fait l'école buissonnière,
Pour mieux comprendre l'émotionnel humain.

Nos énergies divines au Service de la Vie
Ont priorité sur nous,
C'est la promesse de nos Âmes.

Chapitre 9 – Compréhension

Je prends de plus en plus conscience de « **Combien la Vie sait avant nous** ». Je ressens une gratitude et un émerveillement croissants envers la Vie.

Elle nous a dotés d'une boussole interne par le langage de nos sensations corporelles. Elle nous dévoile le bon chemin pour nous, et celui à éviter. Seulement, **nous n'avons jamais appris à comprendre son langage.**

En examinant avec soin mon passé, je réalise que :

Lorsque j'ai suivi mon intuition et les hasards de la Vie. J'y ai reçu de grandes joies.

Lorsque j'ai suivi des croyances. Cela a engendré beaucoup de souffrances. Je voulais me conformer à un devoir mal compris.

Je n'écoutais ni ne comprenais aucun des murmures de mon corps :

« *Ce n'est pas le bon choix* ».

Ecouter les murmures de mon corps !

Comment deux choix ont eu un retentissement important dans ma vie !

Pour l'un, j'ai suivi mon intuition.

J'aimais ce que je faisais et les gens avec qui je travaillais comme Assistante Cinéma à la Warner Bros.

Néanmoins, mon cœur n'était pas comblé. En conduisant, **je vois un panneau : Salon de l'Etudiant**, j'avais déjà trente-huit ans. **Je décide d'aller voir.**

Là, je découvre **une école d'ostéopathie qui m'interpelle direct** ! Je commence alors mes études d'ostéopathie où je rencontre un autre étudiant, qui devient un de mes binômes de pratique.

Vingt-cinq ans plus tard, la Vie organise nos retrouvailles et **la révélation inattendue d'un amour profond passé inaperçu pour moi.**

Pour l'autre, j'ai suivi ma peur.

A trente-six ans, un mois avant mon deuxième mariage, **mon corps me signale un mal-être**. Je ne veux plus me marier avec cet homme gentil qui faisait son possible pour me donner son amour malgré ses traumatismes et son agoraphobie ! Je croyais pouvoir le sauver. Mes croyances sur l'amour et mes formations m'ont fait penser que je pouvais le guérir.

En même temps, je me suis sentie coupable de ne plus avoir envie de me marier et de décevoir mes futurs beaux-parents. Ils me donnaient un amour immense. Alors, j'ai muselé les messages de mon corps et je me suis quand même mariée.

En réalité, je me suis surtout « mariée » avec ma belle-famille, retrouvant la simplicité et le bonheur de vivre en famille tel que vécu chez ma nourrice.

J'étais en désir d'enfant et de vie de famille, mais j'ai fait une fausse couche à deux mois et demi.

Après mûre réflexion, nous avons divorcé amicalement cinq ans plus tard. C'était une évidence pour nous.

Tant que vous n'aurez pas rendu
L'inconscient conscient,
Il dirigera votre vie,
Et vous appellerez cela Destin.
~Carl Jung~

La Vie continue son Chemin avec toujours ses paysages multiples. Et voici ce que m'a réservé 2024.

Liturgie des Heures – Fête de Saint Antoine par Krik

Chapitre 10 – La Vie continue son Chemin

Le 14 janvier 2024, je me réveille avec cette pensée. Cette année, je suis appelée à parcourir le Chemin de Compostelle en Espagne sur une durée de 45 jours.

C'est un souhait de mes quinze ans : parcourir et découvrir le monde à pied et sac au dos, dont le Chemin de Compostelle. J'ai d'ailleurs failli faire une fugue après la mort de ma mère.

J'ai préféré passer mon baccalauréat à seize ans et juste cette année-là, j'ai rencontré le père de mes enfants.

> 42 jours de marche en solo jusqu'à Santiago :
> 700 kms 978.725 pas !

Est-ce un chiffre impressionnant ? Et pourtant ce n'est que le cumul d'un jour à la fois !

La Magie du Chemin !

Chaque fois que j'ai failli me perdre à la sortie des villages ou d'une grande ville comme Burgos, Léon, Ponferrada et Pontevedra, un pèlerin ou une personne du village surgissaient parfois de nulle part pour m'indiquer le chemin.

> **Chaque jour est unique et non reproductible !**
> **La Vie sait avant nous ce dont nous avons besoin !**

La Vie sait et nous prépare son cadeau …

Un jour de marche sur le Camino Invierno, j'arrive à l'Auberge (Albergue Donativo de A Rùa) qui n'ouvre qu'à 16h00.

J'arrive à midi. Le Centre-ville est un peu loin et je n'ai pas envie de marcher en ville avec mon sac à dos.

J'appelle l'Hospitalaria, la responsable de l'auberge pour qu'elle m'autorise à déposer mon sac et que j'aille découvrir la ville à 1km.

Elle refuse catégoriquement. C'est le règlement. Aucune réservation admise ni aucun enregistrement avant 16h00.

Je suis assise sur le banc devant l'auberge en plein soleil. Je choisis d'attendre quatre heures sur place. Il commence à faire chaud.

Une femme arrive en voiture, se gare devant, me regarde et me demande si je parle anglais.

Nous commençons à discuter en anglais, puis en espagnol pour découvrir qu'elle parle français et que je viens de France.

María de Asunción est la Présidente de l'Association des Amis de Saint Jacques pour la région A Rùa. Elle me propose de garder mon sac dans le coffre de sa voiture et m'explique comment je peux aller en centre-ville.

De fil en aiguille, elle me propose de m'y conduire, puis nous prenons un thé et au cours de nos échanges, elle m'invite à découvrir la région. J'accepte avec joie et la remercie, pleine de gratitude pour ce cadeau inattendu.

Au lieu d'attendre quatre heures sur le banc, me voilà à partager un moment unique avec cette femme qui me dévoile qu'elle est thérapeute et prépare elle-même son huile de soin avec les plantes de la montagne qu'elle va me faire découvrir.

Je reçois le cadeau de pouvoir méditer un moment avec gratitude sur un rocher A Fraga à 700m d'altitude, hors du sentier du Chemin de Compostelle. Nous déjeunons ensemble et elle me dépose pour 16h00 à l'auberge.

« Gracias de todo corazón querida María de Asunción por este lugar de meditación, por tu bondad y por tu « aceite de cuidado ». Me siento honrada de tu confianza al darme la fórmula de tu preparación. Te estoy muy agradecida ».

Sur ce rocher de A Fraga, dans ce paysage, en méditation et en connexion avec l'Amour de ma vie, je reçois ce message.

*« Demeure comme cela qui est atteint facilement
Quand la personne est convaincue qu'elle n'est pas
différente de l'Absolu suprême, de Cela s'accomplit.*

*Quand cette conviction devient ferme dans l'expérience
de la félicité suprême du Réel,
De Cela qui produit un sentiment incomparable
Et complet d'accomplissement,
Quand l'esprit est absorbé en lui.*

*Sois toujours heureuse
Sans la moindre trace de pensée. »*

Cette aventure ne s'arrête pas là !

Une fois couchée, une voix intérieure me dit de lui acheter un flacon de son huile et de la remercier en lui offrant un massage.

Sur le Chemin, nous ne pouvons rester qu'une nuit à chaque étape. Demain je continue une nouvelle étape. A 7h30, tout le monde dehors ! Nous devons quitter l'auberge ! C'est le règlement de cette auberge.

Comment réaliser ce que m'a dicté ma voix intérieure ? Malgré les conventions de ne pas déranger avant ou après une certaine heure, je lui envoie un WhatsApp pour lui faire ma demande d'acheter son huile et ma proposition de lui offrir un massage pour ses douleurs de jambes.

Contre toute attente, María me répond, accepte et un taxi viendra me chercher à 7h30 pour me conduire chez elle. Elle reçoit ma séance, et pour me remercier elle m'offre un flacon de l'huile qu'elle prépare pour ses patients. Elle me transmet en plus sa formule afin que je puisse poursuivre cette préparation une fois de retour en France.

Lorsque j'avais choisi d'attendre quatre heures sur le banc devant l'auberge, la Vie m'avait déjà préparé un merveilleux cadeau… Et ce n'est pas tout !…

L'Hospitalaria de cette auberge s'appelle María L. Lors du repas communautaire nous avons eu un coup de cœur l'une pour l'autre. Elle habite à Corcubión près de Fisterra, lieu presque incontournable de la fin du Chemin de Compostelle.

« Gracias de todo corazón querida María por tu invitación a venir y descubrir tu encantador puebluecito Corcubión. Fue un gran placer compartir un momento contigo. Un fuerte abrazo ».

María est une femme de cœur aux petits soins pour les pèlerins avec rigueur et bienveillance. Elle m'emmène dans les hauteurs pour m'immerger dans des paysages magnifiques.

Nous déjeunons ensemble puis je remercie María par un massage chez elle. Les énergies d'amour que je reçois de la Vie me traversent et passent par mon être et mes mains. C'est ainsi que j'exprime le mieux ma gratitude envers les êtres et la Vie pour tous les cadeaux que je reçois.

Après le massage, María me dépose à 16h00 heure d'accueil des pèlerins de cette « Albergue Municipal de Corcubión ».

Chaque Jour est Unique et non reproductible

Le lendemain de mon étape à A Rua, j'arrive à 11h15 à l'Albergue A Pobra do Brollón. L'heure d'enregistrement réglementaire est à 14h00.

J'appelle l'Hospitalaria Annabel. Elle vient m'ouvrir, m'enregistre, m'installe, me propose de me préparer à déjeuner tranquillement et de profiter du jardin.

Je suis seule dans l'auberge avant l'arrivée des autres pèlerins. De façon inattendue, je reçois les circonstances idéales pour mon interview avec Mariam Baya du Burkina Faso, créatrice du premier Sommet *S'épanouir au Féminin*. La semaine précédente, le réseau en Afrique ne passait pas. Nous avions dû reporter cette interview.

Juste avant mon départ Mariam me demande d'être intervenante à son événement. Je serai sur le Chemin et il y a un décalage horaire avec le Burkina Faso. Je suis touchée et honorée de son invitation. Je lui dis oui sans savoir comment nous allions procéder.

Chaque jour est différent même si je dors tous les jours dans une auberge du Chemin. Les processus d'arrivée sont parfois identiques, parfois totalement différents.

Qui plus est, le fait d'avancer jour après jour vers une nouvelle destination donne encore plus la **conscience que chaque jour est imprévisible et unique.**

Hier, je devais rester à attendre l'heure officielle. Aujourd'hui, je suis reçue à l'heure où j'arrive.

Avec le recul, je comprends pourquoi Maria doit respecter l'horaire de 16h00. Elle est toute seule à gérer le ménage, la cuisine, les arrivées, en plus du petit cadeau souvenir qu'elle prépare pour nous l'offrir.

Comme quoi, **juger parce que cela ne se passe pas comme nous le souhaitons, voulons ou le programmons est contre-productif pour la Vie qui sait avant nous.**

Oser...Demander...

Monte Do Faro, le sommet le plus haut de la chaîne de montagnes à 1187 m d'où l'on peut observer les quatre provinces galiciennes. **Une étape de 28 kms sans aucun service ni village avec une prévision de pluie.**

Depuis deux jours, **je suis contrariée de ne pas oser le faire seule et frustrée de devoir renoncer.** C'est un chemin mythique où les pèlerins des temps anciens montaient à genou les derniers cent mètres bordés de croix de chaque côté pour arriver à *l'Ermitage de Nosa Señora do Faro.*

Deux soirs de suite, je retrouve un pèlerin, Mario, dans une auberge. Nous commençons à échanger. Il est espagnol et vit au Mexique. Il marche 30 kms par jour depuis 35 jours.

Une idée folle me vient. **Oser lui demander de m'accompagner pour cette prochaine étap**e. Cela signifie pour lui de faire une courte étape de 12 kms pour repartir le lendemain avec moi. Il accepte de m'offrir ce cadeau. Je le remercie par un soin pour ses douleurs de pieds.

Nous partons le matin sous un arc-en-ciel et redescendons sous une pluie battante juste après avoir atteint Monte Do Faro. **Je suis comblée de joie et de gratitude.**

« Mario, Te agradezco mucho que hayas renunciado a caminar 30kms para acompañarme. Me permitiste cumplir un deseo ».

S'écrire une Lettre d'Amour pour une fois…

S'autoriser à s'écrire, une autre façon de se dire « Je T'aime »

....

....

....

....

....

....

....

....

....

PARTIE TROIS

Calda del Reis
Del Camino Portugues de Santiago de Compostela

Conclusion

Plus j'explore le Labyrinthe de l'Amour, plus je sens l'appel et **l'importance de s'unifier en soi par la boussole intérieure** que la Vie nous offre.

S'autoriser une forme d'apprentissage maïeutique de « maternage, paternage, auto-maternage, auto-paternage » par le corps, la parole et l'écoute à sa juste place. Chaque être doit rester libre, autonome et indépendant, même si c'est une demande d'accompagnement.

Chaque chemin de résilience et de paix est unique !

Dans un premier temps, se mettre « dans sa propre peau » : c'est-à-dire se comprendre, s'accepter, s'aimer.

Dans un deuxième temps, se mettre « dans la peau de l'autre » : c'est-à-dire le comprendre, l'accepter, l'aimer.

« S'aimer, aimer, se laisser aimer par soi, Par l'autre et par la Vie Elle-même »

Accepter de vivre en soi tous les paysages et les rythmes de notre nature et de la Nature est très libérateur. **Ne plus avoir d'attente sur Ce qui doit être.**

Ne plus lutter contre Ce qui ne doit pas être. C'est néanmoins un processus de longue haleine. Qui continue et continuera jusqu'à la fin de ma vie.

En séance quand je pose mes mains, j'écoute et j'attends. **Je me laisse guider.** Aucune intention sur l'autre **et j'encourage la personne à ne pas avoir d'attente sur elle.**

Je suis heureuse et apaisée de découvrir le sens et la cohérence entre mon vécu et ma vocation.

> *Reconnecter la personne à son Corps,*
> *Délivrer son Cœur,*
> *Apaiser son Cerveau*
> *Et Réconcilier ces trois dimensions intimes.*

Comment par la parole, le toucher et l'écoute, je peux œuvrer pour amorcer chez la personne le désir d'esquisser ou d'approfondir son propre chemin de paix et d'amour d'elle-même.

Lorsque nous entamons sincèrement notre chemin de paix, **la Vie sait avant nous ce dont nous avons besoin pour avancer un pas après l'autre.**

La **Sagesse de la Vie** et **notre dévouement à vivre la paix en nous** et **pour le monde**, créent une **spirale vertueuse** d'évènements qui vont au-delà de notre imagination.

Mon cœur déborde de joie en me remémorant l'infinie richesse de l'amour reçu depuis toujours. Seule ma gratitude peut en exprimer l'émerveillement.

Il m'a fallu si longtemps pour reconnaître, accepter et accueillir l'Amour et la Vie !

« Le Bonheur se donne à celui qui a vaincu sa peur de vivre et qui considère sa vie comme une étincelle sacrée dans la continuité des âges ».
~Dugpa Rimpoché~

Mon souhait est que cette lecture **chuchote à l'oreille de votre cœur une réconciliation intime** pour vous mener en douceur **sur votre propre chemin de paix**, d'amour et de gratitude.

Quel acte d'amour avez-vous envie de vous offrir maintenant ?

Je reste à votre écoute,
Micheline Minh-Tâm Phan

Découvrir ma pratique
www.michelinephan.com

Remerciements à mes Aides de Destinée

De préférence à des remerciements, j'ai choisi de vous emmener sur le chemin que j'ai parcouru avec les hommes et les femmes anonymes ou célèbres qui m'ont construite et ont jalonné mon histoire. **Leur valeur est immense.**

Si le cœur vous en dit, partez à la découverte de ces richesses humaines qui ont façonné ma vie parfois en une minute, une heure ou des heures infinies.

Choisir un ordre d'écriture m'a été très difficile. En premier, j'ai donc choisi de nommer ceux qui m'ont donné un déclic pour passer un palier important dans ma vie, du temps le plus proche au plus lointain.

En écrivant, je ressens au sein de toutes mes cellules, mon cœur, mon âme, l'immense reconnaissance envers ces êtres extraordinaires que la Vie m'a fait rencontrer. Comment mieux exprimer ma gratitude infinie, profonde et sincère pour ces êtres, si ce n'est célébrer leur beauté et parfois leur mission.

Merci à mes **Guides de l'Invisible** et aux **Archanges** qui se sont manifestés pour me guider sur mon chemin de l'âme et dans l'écriture de ce livre.

Sans eux, ce livre n'existerait tout simplement pas.

Eux, Ils sont toujours présents à mes côtés, même si je n'en suis pas toujours consciente.

Merci à **Fana**, une rencontre et une connexion surprenantes. Elle m'a aidée à explorer toutes mes zones obscures afin que je les intègre en moi et qu'elles soient transmutées en force d'amour inconditionnel pour moi, et ensuite pour les autres. C'est une enseignante et une artiste riche de talents et d'humanité. Devant mon entêtement à ne pas croire en moi, elle me répétait : *« Je crois en toi, les Guides croient en toi, mais si tu ne veux pas croire en toi, personne ne pourra rien faire pour toi »*.

A Noël, en lui partageant certains de mes écrits, elle me dit : *« Tout ce que tu as écrit donne tellement de douceur et d'espoir ! En plus cela a une portée universelle. Il faut que tu le fasses connaître, tu pourrais faire un post chaque jour sur les réseaux »*. Or, ce n'est absolument pas « moi » ! *« Merci Fana, tu m'as propulsée dans l'écriture de ce livre »*. Dès le lendemain, sans savoir pourquoi, je me suis mise à structurer mes poèmes et mes lettres. Dès lors, j'ai écrit sous une inspiration fluide et inconnue.

Merci à **l'Amour infini de ma vie,** dont l'humilité, la simplicité et la force tranquille impactent toute personne à son contact. Son amour m'accompagne toujours, en tout temps, en tout lieu et tout au long de ce livre.

Merci à **Ondine**, une femme de cœur, qui a écrit un fabuleux livre pour les enfants. « ***Bonjour la Vie*** ». *« C'est grâce à ton accueil chez toi que j'ai pu retrouver l'amour de ma vie. Merci ».*

Merci à **Gérald**, une rencontre et une connexion inattendues et exceptionnelles au cours d'un séminaire de dépassement de soi lors d'une marche sur le feu. Juste quelques échanges lors de la dédicace de ses livres.

Un matin, son nom vient à mon esprit : je dois lui demander s'il veut bien lire mon manuscrit et me donner son ressenti. Je doutais que mes écrits puissent apporter une valeur au lecteur. *« Tu as accepté avec joie et simplicité. Je te suis profondément reconnaissante ».*

Son parcours de vie et son œuvre pour l'éducation, la protection de la planète, son amour pour l'humain me donnent confiance en la valeur de son ressenti. Quelques jours après, une autre idée folle arrive : lui demander de préfacer mon livre. Infiniment merci Gérald. *« Tu m'as encore dit OUI avant même que je puisse te transmettre mon manuscrit ».* Gérald vit en Nouvelle-Zélande et malgré la distance et son emploi du temps, il se rend disponible pour répondre à chacune de mes demandes, pour que le livre aille jusqu'à sa publication. La mission de vie de Gérald, c'est contribuer à préserver nos écosystèmes, tenter d'atteindre les niveaux de conscience supérieurs et aider l'humanité à faire de même.

Merci **Arlette**. « *Tu m'offres inconditionnellement ton temps pour la clarté de mon écriture et ne laisser passer aucune coquille. Toute ma gratitude* ». Ton humour espiègle détourne mon mental qui crée de temps à autre des scénarios catastrophes : « *Ah ! Tu es dans la Lessiveuse Divine, mais à quel programme en es-tu ? Prélavage, lavage, essorage ? ! Je ne sais pas* ».

Arlette, une maîtresse d'école primaire qui a apporté à ses élèves la précieuse faculté de penser par eux-mêmes, d'être ce qu'ils veulent et vivre leur créativité en toute liberté.

A chaque début de classe, elle leur rappelait ces deux consignes. « *Ici il n'y a pas de problème, il n'y a que des solutions* » et « *Vous avez le droit de tout faire, sauf de pourrir la vie de votre voisin* » !

Merci à **Laurent**, une rencontre fortuite de dix minutes au cours du séminaire de six cents personnes de Mindvalley à Paris. **Il a accepté d'offrir un cadeau de gentillesse** : se faire prendre en photo pour que je l'envoie à une amie, aidante de son compagnon.

Laurent est la voix française de **Sadhguru** « Yogi défenseur des sols et de la Nature », sur la plateforme de Mindvalley. En plus de prêter sa voix, Laurent est « Life Coach certifié, il accompagne les entrepreneurs dans leur parcours professionnel et personnel depuis l'idée, la validation du couple produit/marché, la croissance, le pivot ou le rebond. Son credo : *« On apprend tout au long de la vie, je ne perds jamais, soit je gagne, soit j'apprends. Le succès c'est aller d'échec en échec sans perdre son enthousiasme ».*

La Vie est ingénieuse. Grâce à Laurent et par la magie de la vie, je vis aujourd'hui dans un havre de paix et d'amour en Bretagne.

« Une gratitude immense car sans toi, Laurent, au-delà de ton aide pour mon lieu de vie, le livre audio n'aurait jamais pu être réalisé ».

Merci à **Madi**, qui dès le départ a accepté d'illustrer la couverture par une aquarelle. Elle est illustratrice de livres pour enfants. La vie en a décidé autrement. Madi prise dans un tourbillon de la vie, n'a pas pu m'aider alors que son cœur le voulait.

Merci à **Florence**, qui m'a proposé spontanément de composer la couverture de mon livre. Une rencontre grâce aux séances d'automassages offerts sur LinkedIn lors du premier confinement. Le temps a fait son œuvre pour que nous devenions amies.

« Un immense merci pour ton enthousiasme et ton amitié. Au-delà de créer la maquette de la couverture du livre, tu as mis tout ton cœur pour que ce livre insuffle la beauté des paysages du Chemin ».

Merci à **Farida**, qui en plein confinement 2020, **soutenait midi et soir un groupe d'entrepreneuses**, dont l'activité en présentiel s'était arrêtée net. Farida a vu des opportunités là où je voyais des obstacles. La mission de vie de Farida est d'encourager chacun à cultiver un état d'esprit de prospérité dans chaque domaine de leur vie et ainsi vivre une vie épanouie.

J'étais énergisée par sa vision. A partir de là, j'ai réinventé une pratique de guidance sur-mesure d'automassage (ostéopathie et méridiens chinois) en distanciel. J'ai osé faire une annonce vidéo de mon offre via mon mobile sur LinkedIn. 9000 vues en quarante-huit heures. Le résultat ? Une centaine de séances offertes avec un retour de témoignages touchants et encourageants, bien au-delà de mon imagination ! *« Je te suis profondément reconnaissante. Tu m'as fait passer un palier important professionnellement ».*

Merci à **Nicole**, femme entrepreneuse, pour qui l'important est de réussir en avançant avec les autres. Elle aide les entrepreneurs africains à gagner en visibilité dans le monde, et à trouver des financements pour leurs projets afin de développer le continent africain.

« Sans ton cadeau, Nicole, avec le mystère et le concours de la vie qui sait avant nous, je n'aurais jamais connu la Marche sur le Feu ».

Merci à **Patricia**, DRH au grand cœur, passionnément humaniste, autrice de *« Télétravail, mode d'Emploi ». « Merci Patricia d'avoir posté le lendemain un témoignage sur LinkedIn »* à la suite de la séance flash donnée aux principales intervenantes, lors de la soirée **« Debout Citoyennes** » (décembre 2018). J'ai reçu plus de cent demandes de connexion en vingt-quatre heures. Grâce à son témoignage, j'ai pu offrir une centaine de séances d'automassages guidés sur mesure, lors du premier confinement, suivies de témoignages touchants.

Merci à **Anthony**, Coach de Cœur, installé maintenant au Canada, que j'ai surnommé **mon Business Coach Angel**. *« Antony, tu m'as donné sans condition, la confiance et la juste posture pour me positionner en entreprise ».*

Merci à **Marie-Nicole,** *« Tu as prié chaque jour pour que mes rêves se réalisent. Tu sais me faire rire quelle que soit la difficulté de la situation que tu traverses et que je traverse. Tu as le don de nourrir le corps avec* **ta cuisine faite avec amour, ton ingrédient principal.** *Tu nourris aussi l'âme par ta sagesse et ton bon sens ».* Souvent, elle me dit : *« Avec tes doigts de fée, si tu n'as pas confiance en toi, c'est dommage ».* Atsem, elle était le rayon de soleil des écoles où elle passait.

Merci à **Nicole Marchal,** ma Mentore aujourd'hui décédée dont je n'ai jamais entendu exprimer un seul jugement sur quiconque en quinze années de partage. Lorsque je trébuchais, elle me disait :
« C'est comme cela pour l'instant ».

Un Merci particulier à mon mentor **Miguel et à sa compagne Marie-Françoise.** La générosité de leur transmission ainsi que leur accueil dans la maison familiale de Miguel à Gran Canaria sont sans pareil. A plus de quatre-vingts ans, tous deux continuent à offrir leur accompagnement bienveillant. *« Par l'exemple que vous êtes, vous nous permettez d'approfondir notre justesse d'accompagnement dans nos séances ». De plus, sans ton aide et ta traduction, Miguel la version espagnole n'aurait pas vu le jour. »*

Merci à **Régine**, amie de longue date, connue grâce à ma Mentore Nicole, Massage Sensitif méthode Camilli®. Son solide ancrage Terre-Ciel, sa formation, son expérience de somato-thérapeute, son profond amour de l'humain, nous permettaient de déposer nos chagrins ou colères en toute sécurité. Nous clôturons toujours un atelier par une danse créative et libre.

« Merci pour ta joie de vivre et ton humour : ces grands fous rires très libérateurs. Je ne crois pas que tu seras « sérieuse » un jour. Tu es, avec François, une grande aide de destinée dans ma vie. Merci ».

Merci à tous mes **professeurs de santé intégrative**, profondément passionnés et dédiés à leur vocation.

La vie m'a bénie de recevoir leur enseignement en direct depuis 1986 : Christian Flèche, David Sayag, Dr Joe Dispenza, Dr Phong, retraité cardiologue de Marie-Lannelongue, Dr Françoise Thomas, Gérard Saksik, Jean-Claude Guimberteau, Jean-Luc Payrouse, Jean-Marie Michelin, Jean-Paul Rességuier, Liu Dong, Marc Bozetto, Michel Dogna, Olivier Clerc, Vénérable Phakyab Rinpoché, Pierre Tricot, Raymond Branly et Thierry Vandorme, Viola Frymann, Yves Réquéna et d'autres encore…

Je remercie tout particulièrement Ngawang Sungrab Phakyab Rinpoché pour sa bénédiction. Puissent les énergies d'auto-guérison qu'Il porte être insufflées au travers des écrits du Labyrinthe de l'Amour.

Ngawang Sungrab Phakyab Rinpoché ངག་དབང་ལ་བགད་དིན་ཆེ།

Merci à tous les **« accompagnants »** de ma santé depuis ma naissance à ce jour tout particulièrement Dr Sylvie Blot, Gérard Saksik, Sylvia Hof, Vanina Morel, Pham Phuong Chin.

Je remercie **quelques autres rencontres si inspirantes** : André Dan, Anne Masson, Bülent Turan, Cécile Banon, Cristina Marques, Cyril Blanchard, Dr Philippe Rodet, Hermès Garanger, Joseph Schovanek, Louis Bar, Matthieu Ricard, Marc Vella, Maritzabel et Olivier, Nassirath Joachim, Narissa Claude, Olivier Bay, Paola Perez, Philippe Croizon et son épouse, Sonia Choquette, Yannick Alain, Yann Bucaille-Lanrezac, avec lesquels j'ai eu l'immense chance de partager de précieux moments d'échanges.

Merci à **Yasmine**, mon binôme de « futurisation » à qui je prédis avec une joie espiègle qu'elle sera la « JK Rowling » d'une saga sur l'Afrique. Un message d'espoir et de meilleure connaissance de ce continent pour permettre au monde de découvrir ses valeurs universelles d'amour de soi et de son prochain, de solidarité et de sérénité. Jour après jour, nous nous soutenons avec constance et autodiscipline pour garder vivante la vision de notre vie heureuse accomplie au service du monde.

Merci à **Thierry**, mon généreux patron, qui m'a soutenue tout au long de ma carrière dans l'événementiel. Maman solo, il m'a encouragée à garder les deux activités, ostéopathie et événementiel conjointement. Il m'a inspirée pour introduire ma méthode au sein des entreprises : **contribuer au bien-être au travail et prévenir ou soulager les conséquences du stress**.

Merci à tous mes **ex-collègues** pour l'amitié et les moments partagés dans l'entraide, le soutien et le beau travail d'équipe.

Merci à **Michel Destruel** organisateur de marches sur le feu chaque année, avec un talent et une énergie extraordinaire pour galvaniser son public à **vivre le dépassement de la croyance : "*je ne peux pas*"**. En plus de cette énergie très Yang, il a une énergie Yin touchante.

Sur place, j'ai vu des participants se métamorphoser. Pour ma part, c'est mon entourage qui a fait le lien entre ma marche sur le feu et mes nouveaux comportements.

Chaque fois que la Vie me présente quelque chose de nouveau à faire, **si mon cœur dit Oui, je le fais** ! **Je ne me pose même plus la question de savoir si je suis capable ou pas, je le fais** ! C'est une avancée géniale à vivre !

Merci à **Vishen**, qui a créé la plate-forme Mindvalley pour offrir au plus grand nombre les sagesses et expériences d'êtres inspirants.

Un merci particulier à **Célia,** mon binôme de soutien aux étudiants de Mindvalley, « *Merci à toi, Tu m'as fait connaître* **Human Design** *et je suis tombée dedans comme Obélix dans le chaudron* ». **Pour apprendre à se connaître, c'est un outil divin, inspiré et exceptionnel.** L'histoire de son fondateur le confirme.

> **Se connaître pour se comprendre permet de ne pas se blesser ni juger ou blesser l'autre.**

Merci **Esther**, « *Pour ta confiance, et m'avoir sollicitée pour accompagner les femmes à se réconcilier avec leur Corps, leur Cœur et leur Cerveau par mon automassage guidé* ». Dans son atelier « *Sublime Queen Libération et Renaissance* » Esther reconnecte les femmes à leur puissance intérieure et les libère des blocages et douleurs émotionnels.

Merci **Betty** « *Ton accueil, ta loyauté et ton soutien sans faille dans l'expérience financière qui ne me correspondait finalement pas, m'ont permis de retrouver une conscience encore plus claire sur mon véritable vœu* ».

Merci à **Mariam**, Créatrice du Sommet « *S'Epanouir au Féminin* ». Elle vit au Burkina Faso et aide les « *Femmes Actives à Retrouver la Stabilité Mentale et Emotionnelle* ». Mariam m'a fait l'honneur d'être une de ses intervenantes.

Merci à mes **partenaires Christine, Charlotte, Céline, Coralie, Christel, Isabelle, Kristell, Marie-Jo** qui œuvrent pour que je puisse offrir du bien-être à leurs équipes, à leurs clients ou à leurs résidents.

Merci à **Kimli**, femme passionnée et passionnante, dont la rencontre improbable, organisée par nos âmes, a pu se réaliser. Ce fut le début de la découverte du Feng Shui adapté à mon lieu de vie. Elle a ce don de détecter juste sur plan, les forces et faiblesses de notre lieu de vie. Kimli est co-autrice du livre « *L'esprit d'enrichissement d'après la culture chinoise* ».

Merci à **Nordine**, pour son amitié. Il m'a fait connaître les enseignements de Kevin Trudeau, Esther et Jerry Hicks. Il est co-auteur de « *Les séries de notre enfance* », livre qui retrace les séries télévisées de notre enfance.

Merci **Sabine** et sa mentor **Chantal Trupia** « *Tu m'as fait découvrir les huiles essentielles de grande qualité Do Terra, une entreprise éthique liée à des actions humanitaires* ». Sabine a fondé le réseau « *J'incarne QUI JE SUIS* ». Sa mission constitue en un chemin de guérison : passer du blessé au Sacré et transmettre en devenant soi-même une porte de guérison.

Merci à mes **amis** et **amies** avec qui je partage la richesse de nos différences.

Merci à mes **ancêtres** qui veillent de là où Ils sont.

Merci à ma **nourrice mémé**, qui m'a donné son amour jusqu'à mes six ans. Avec son arrière-petite-fille nous avions six mois d'écart. **Elle m'a légué la valeur de l'amour christique.**

Merci à ma **cousine-sœur** qui m'a prise en charge dès ma naissance alors qu'elle n'avait que dix ans. A la demande de ma mère décédée quinze jours avant mes quatorze ans, elle a veillé à honorer sa promesse contre vents et marée : m'élever socialement et spirituellement. Je la remercie pour tout le temps de sa vie qu'elle m'a consacré et pour sa transmission. Elle a vécu une vie difficile et en même temps très riche.

Merci à ma **grand-mère**, ma **mère** et ma **tante** qui m'ont appris le vietnamien, dès mon retour dans ma famille d'origine à six ans, et **transmis la philosophie et la sagesse des traditions bouddhistes**.

Merci à mon **père biologique** reparti au Vietnam avant ma naissance. Il m'a pourtant suivie dans le secret de son cœur sans jamais m'avoir ni vue ni connue. Il m'a envoyé un livre pour me féliciter de mon succès à mon baccalauréat. Il a donné mon prénom Minh-Tâm à sa seconde fille. Mon père a aimé ma mère en silence et n'a jamais réussi à dépasser le poids des traditions et des croyances. Ce fut une source de souffrance tant pour lui que pour ma mère.

Merci à mes deux premiers maris, mon fils, sa compagne, mes neveux et nièces, toujours discrets dans leur amour.

Merci à tous les **millionnaires connus ou anonymes** que j'ai côtoyés, dont certains ont reçu mes séances. Ils m'ont redonné la confiance en la bonté et l'humanité possibles des gens riches. Ils n'oublient pas d'où ils sont partis : d'origine modeste, d'un parcours de SDF ou d'entrepreneurs en faillite jusqu'à devenir millionnaires.

Merci à tous mes **patients qui ont entendu l'appel de leur corps.** Ils m'ont fait confiance en suivant leur intuition, et ont surtout **accepté d'écouter les murmures ou les cris de leur corps pour retrouver la magie du divin en eux.**

Merci à tout mon **réseau LinkedIn** qui m'a soutenue dans ma découverte de ce réseau professionnel.

Spécial Merci à **Joël**, poète d'une grande sensibilité, qui a écrit un poème sur le corps pour mon site.

Un immense Merci à **Philippe** qui a écrit, composé et chanté une chanson qui résonne avec le cheminement de mon livre. Il m'a autorisé à l'insérer sur mon site.

Merci à tous les **Mentors connus ou anonymes** dont les conférences ou les écrits m'impactent un peu, beaucoup ou passionnément, **selon mon degré d'accueil et d'ouverture du moment à leurs messages.**

Merci à mes **rencontres** sur le Chemin de Compostelle, qui ont évolué en amitié : **Christine, Xenia, Roland, Anna**…

Un exceptionnel Merci à **Christine,** Amie du Chemin, première auditrice. « *Ton retour m'a remplie de gratitude, de joie profonde et d'émotion. Ça m'a donné l''impulsion et la confiance nécessaires pour mener à bien mon projet* ».

Un Merci particulier à **Francis,** premier lecteur, touché personnellement par la magie de l'écriture inspirée par la Vie. « *Merci pour ta joyeuse amitié, ton enthousiasme indéfectible et ta ferveur pour que le livre soit publié.* »

D'émerveillement en émerveillement,
La Vie s'épanouit
~Lao Tseu~

Qui ou quel événement ont émerveillé votre Vie,
En un instant, en une minute ou pour l'éternité ?

Quelques auteurs parmi d'autres qui m'ont inspirée

Lynda Bunnel et Ra Uru Hu, « *Human Design : Le livre référence du Design Humain, la Science de la Différenciation* ».

Antoine de Saint Exupéry, « *Le Petit Prince* ».

Paulo Coelho, « *L'Alchimiste* ». Ce qui m'a marquée, c'est l'histoire de ce marchand qui « rêve son rêve » au lieu de vivre son rêve et ne fera jamais le pèlerinage à la Mecque.

Krishnamurti, « *La Première et dernière Liberté* »

Khalil Gibran, « *The Prophet* ».

Phakyab Rinpoché, « *La méditation m'a sauvé* ».

Dr Jill Bolte Taylor, « *Voyage au-delà de mon cerveau* ».

Gérard Saksik et Christian Flèche « *Cris et Murmures du Corps* »

Dr Danièle Flaumenbaum, « *Femme désirée, Femme désirante* ». Précieux pour l'éducation de la féminité.

Arlo Wally Minto, « *La roue des Relations* ». Un éclairage sur nos différentes façons d'exprimer l'amour.

Dr Steven R. Grundy « *Les dangers cachés de l'alimentation saine, le paradoxe des plantes* ».

Don Miguel Ruiz, « *Les 4 Accords Toltèques* ».

Olivier Clerc, « *Le Don du Pardon* ».

Marshall Rosenberg, « *Les mots sont des fenêtres, ou bien ils sont des murs* ».

Pierre Pelissier, « *Sept Graines de Lumière dans le Cœur des Guerriers* ». Comprendre les « mots-murs » et les « mots fenêtres ». Comment « ne pas être ni paillasson, ni hérisson ».

Lucie Bernier et Robert Lenghan « *La Technique des petits Bonhommes Allumettes* ».

Deux vidéos You Tube de Jacques Martel « *Méthode des Bonhommes Allumettes* ».
https://youtu.be/Slg8jZY2Hd4?si=-gJsY57KPWmMDv1d
https://youtu.be/aEgNZKZ76Kw?si=1CMFf1KD_ZzYQZUg

Gérald Vignaud « *La Voie Minoritaire* » Exceller grâce à sa différence. « *L'Ecole c'est important mais l'Education c'est primordial* ».

Yannick Alain « *Les Gentils aussi méritent de réussir* ».

Anne Givaudan et Daniel Meurois, « *Les 9 marches* », « *Le Peuple Animal* ».

Olivier Manitara « *Message de la Mère du Monde aux Femmes qui s'éveillent* ».

Françoise et Denys Godin « *Travail avec des Maîtres Instructeurs* ».

Terre Unsoeld et Fabien Maman « *Les Couleurs et le Chemin de l'Âme* ».

Le Labyrinthe de l'Amour

Rose des Vents A Coruña Galicia

A propos de l'auteure

Micheline Minh-Tâm (Cœur Éclairé), est née à Paris de racines vietnamiennes.

Dès l'adolescence, elle entre dans le vivant : à 13 ans, elle travaille chaque soir et week-end dans le premier restaurant vietnamien végétarien de Montparnasse. Là, au cœur d'un microcosme foisonnant – artistes, philosophes, théosophes, chercheurs – elle découvre la vibration des êtres éveillés et des âmes en quête.

Curieuse insatiable, elle refuse toute case : elle explore les langues, la psychologie, l'enfance, la santé, la théosophie, les énergies et la relation d'aide.

Son parcours est pluriel et atypique, assumé. Elle mène deux vies en parallèle : celle qui prend soin du corps et celle qui prend soin de l'âme par la beauté, la rencontre, l'événement.

À 62 ans, elle pose un choix radical : honorer l'élan de la jeune fille de 13 ans qui, déjà, écrivait ce poème :

« Vivre, c'est Créer,
Créer pour transmuter la souffrance.
Créer du bonheur pour honorer la Vie. »

www.michelinephan.com

Aujourd'hui, elle « marche » sa mission : aider chaque être à se réconcilier avec son Corps, son Cœur, son Cerveau.

Non pour aller mieux.

Mais pour se retrouver pleinement vivant.

Le Labyrinthe de l'Amour
« S'aimer, Aimer et se Laisser Aimer par Soi,
Par l'Autre et par la Vie Elle-même...

Découvrez sa pratique
www.michelinephan.com :

Tous les droits d'auteur de ce livre sont destinés à l'Association Healing Bouddha France ONG Compassion Project.
https://healingbuddhafrance.org/projet-compassion/

Tout est perfectible

Ce livre porte mon nom. **Sa publication** ainsi que sa version **livre audio sont en réalité le fruit du travail de nombreuses personnes.**

Sans leur contribution, il ne serait jamais parvenu entre vos mains.

Comme tout est perfectible, vos remarques, critiques, suggestions sont les bienvenues.

Merci de me signaler toute coquille, vous aiderez à en faire un ouvrage plus accompli pour les futurs lecteurs.

Merci d'avance pour votre précieuse collaboration.

Dans quelque domaine que ce soit, la perfection est enfin atteinte non pas lorsqu'il n'y a plus rien à ajouter mais lorsqu'il n'y a plus rien à enlever.

~Antoine de Saint Exupéry~

Audio livre

Une version audio sera disponible prochainement. J'ai choisi d'enregistrer avec ma voix même si je ne suis pas professionnelle. Il se peut que vous entendiez quelques hésitations ou liaisons erronées.

Infiniment merci à Laurent qui a géré toute la technique.

Merci pour votre compréhension.

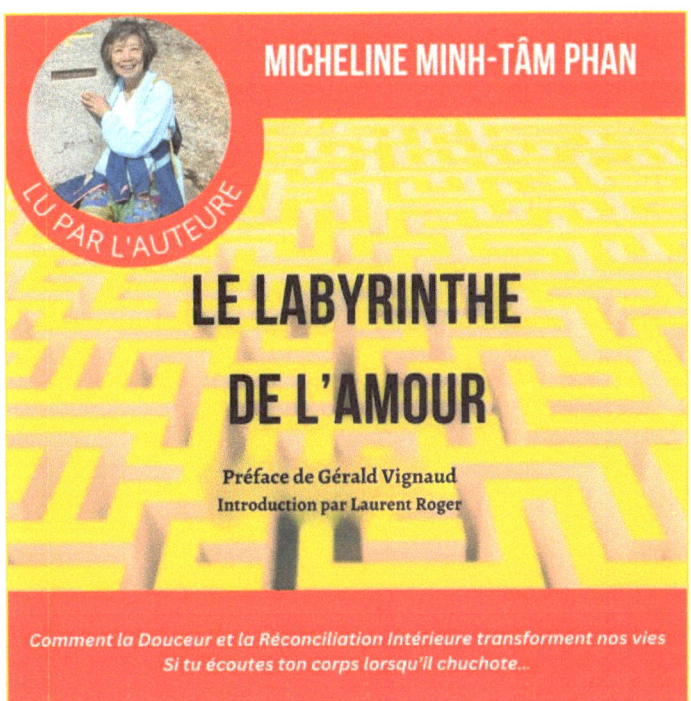

Le Labyrinthe de l'Amour

www.michelinephan.com